LES

ISÉRABLES

Brux. — Typ. de A. Lacroix, Verboeckhoven et Cⁱᵉ, r. Royale, 3, imp. du

LES

MISÉRABLES

PAR

VICTOR HUGO

PREMIÈRE PARTIE — FANTINE

Tome Deuxième

BRUXELLES

A. LACROIX, VERBOECKHOVEN & Cᵉ, ÉDITEURS

RUE ROYALE, 3, IMPASSE DU PARC

M DCCC LXII

LIVRE QUATRIÈME

CONFIER, C'EST QUELQUEFOIS LIVRER

I

Une mère qui en rencontre une autre

Il y avait, dans le premier quart de ce siècle, à Montfermeil, près Paris, une façon de gargote qui n'existe plus aujourd'hui. Cette gargote était tenue par des gens appelés Thé-

nardier, mari et femme. Elle était située dans
la ruelle du Boulanger. On voyait au dessus de
la porte une planche clouée à plat sur le mur.
Sur cette planche était peint quelque chose qui
ressemblait à un homme portant sur son dos un
autre homme, lequel avait de grosses épaulettes
de général dorées avec de larges étoiles argen-
tées; des taches rouges figuraient du sang; le
reste du tableau était de la fumée et représen-
tait probablement une bataille. Au bas on lisait
cette inscription : AU SERGENT DE WATERLOO.

Rien n'est plus ordinaire qu'un tombereau ou
une charrette à la porte d'une auberge. Cependant le véhicule ou, pour mieux dire, le frag-
ment de véhicule qui encombrait la rue devant
la gargote du Sergent de Waterloo, un soir du
printemps de 1818, eût certainement attiré
par sa masse l'attention d'un peintre qui eût
passé là.

C'était l'avant-train d'un de ces fardiers, usités
dans les pays de forêts, et qui servent à charrier
des madriers et des troncs d'arbre. Cet avant-

train se composait d'un massif essieu de fer à
pivot où s'emboîtait un lourd timon et que sup-
portaient deux roues démesurées. Tout cet
ensemble était trapu, écrasant et difforme. On
eût dit l'affût d'un canon géant. Les ornières
avaient donné aux roues, aux jantes, aux
moyeux, à l'essieu et au timon, une couche de
vase, hideux badigeonnage jaunâtre assez semblable à celui dont on orne volontiers les cathé-
drales. Le bois disparaissait sous la boue et le
fer sous la rouille. Sous l'essieu pendait en dra-
perie une grosse chaîne digne de Goliath forçat.
Cette chaîne faisait songer, non aux poutres
qu'elle avait fonction de transporter, mais aux
mastodontes et aux mammons qu'elle eût pu
atteler; elle avait un air de bagne, mais de bagne
cyclopéen et surhumain, et elle semblait déta-
chée de quelque monstre. Homère y eût lié
Polyphème et Shakspeare Caliban.

Pourquoi cet avant-train de fardier était-il à
cette place dans la rue? D'abord, pour encom-
brer la rue; ensuite pour achever de se rouiller.

Il y a dans le vieil ordre social une foule d'insti-
tutions qu'on trouve de la sorte sur son passage
en plein air et qui n'ont pas pour être là d'autres
raisons.

Le centre de la chaîne pendait sous l'essieu
assez près de terre, et sur la courbure, comme
sur la corde d'une balançoire, étaient assises et
groupées, ce soir là, dans un entrelacement
exquis, deux petites filles, l'une d'environ deux
ans et demi, l'autre de dix-huit mois, la plus petite dans les bras de la plus grande. Un mouchoir
savamment noué les empêchait de tomber. Une
mère avait vu cette effroyable chaîne, et avait
dit : Tiens ! voilà un joujou pour mes enfants.

Les deux enfants, du reste gracieusement
attifées, et avec quelque recherche, rayonnaient;
on eût dit deux roses dans de la ferraille; leurs
yeux étaient un triomphe, leurs fraîches joues
riaient; l'une était châtaine, l'autre était brune;
leurs naïfs visages étaient deux étonnements
ravis; un buisson fleuri qui était près de là envoyait aux passants des parfums qui semblaient

venir d'elles; celle de dix-huit mois montrait son gentil ventre nu avec cette chaste indécence de la petitesse. Au dessus et autour de ces deux têtes délicates, pétries dans le bonheur et trempées dans la lumière, le gigantesque avant-train, noir de rouille, presque terrible, tout enchevêtré de courbes et d'angles farouches, s'arrondissait comme un porche de caverne. A quelques pas, accroupie sur le seuil de l'auberge, la mère, femme d'un aspect peu avenant du reste, mais touchante en ce moment-là, balançait les deux enfants au moyen d'une longue ficelle, les couvant des yeux de peur d'accident avec cette expression animale et céleste propre à la maternité; à chaque va-et-vient, les hideux anneaux jetaient un bruit strident qui ressemblait à un cri de colère, les petites filles s'extasiaient, le soleil couchant se mêlait à cette joie, et rien n'était charmant comme ce caprice du hasard qui avait fait d'une chaîne de titans une escarpolette de chérubins.

Tout en berçant ses deux petites, la mère

chantonnait d'une voix fausse une romance alors
célèbre :

> Il le faut, disait un guerrier.

Sa chanson et la contemplation de ses filles
l'empêchaient d'entendre et de voir ce qui se
passait dans la rue.

Cependant quelqu'un s'était approché d'elle,
comme elle commençait le premier couplet de
la romance, et tout à coup elle entendit une
voix qui disait très près de son oreille :

— Vous avez là deux jolis enfants, madame.

> — A la belle et tendre Imogine,

répondit la mère, continuant sa romance, puis
elle tourna la tête.

Une femme était devant elle, à quelques pas.
Cette femme, elle aussi, avait un enfant, qu'elle
portait dans ses bras.

Elle portait en outre un assez gros sac de
nuit qui semblait fort lourd.

L'enfant de cette femme était un des plus di-

vins êtres qu'on pût voir. C'était une fille de deux
à trois ans. Elle eût pu joûter avec les deux
autres petites pour la coquetterie de l'ajuste-
ment; elle avait un bavolet de linge fin, des rubans à sa brassière et de la valenciennes à son
bonnet. Le pli de sa jupe relevée laissait voir sa
cuisse blanche, potelée et ferme. Elle était admirablement rose et bien portante. La belle petite
donnait envie de mordre dans les pommes de
ses joues. On ne pouvait rien dire de ses yeux,
sinon qu'ils devaient être très grands et qu'ils
avaient des cils magnifiques. Elle dormait.

Elle dormait de ce sommeil d'absolue confiance propre à son âge. Les bras des mères
sont faits de tendresse; les enfants y dorment
profondément.

Quant à la mère, l'aspect en était pauvre et
triste. Elle avait la mise d'une ouvrière qui tend
à redevenir paysanne. Elle était jeune. Était-
elle belle? peut-être; mais avec cette mise il n'y
paraissait pas. Ses cheveux, d'où s'échappait une
mèche blonde, semblaient fort épais, mais dis-

paraissaient sévèrement sous une coiffe de bé-
guine, laide, serrée, étroite, et nouée au menton.
Le rire montre les belles dents quand on en a;
mais elle ne riait point. Ses yeux ne semblaient
pas être secs depuis très longtemps. Elle était
pâle; elle avait l'air très lasse et un peu malade;
elle regardait sa fille endormie dans ses bras
avec cet air particulier d'une mère qui a nourri
son enfant. Un large mouchoir bleu comme
ceux où se mouchent les invalides, plié en fichu,
masquait lourdement sa taille. Elle avait les
mains hâlées et toutes piquées de taches de rous-
seur, l'index durci et déchiqueté par l'aiguille,
une mante brune de laine bourrue, une robe de
toile et de gros souliers. C'était Fantine.

C'était Fantine. Difficile à reconnaître. Pourtant, à l'examiner attentivement, elle avait toujours sa beauté. Un pli triste, qui ressemblait à
un commencement d'ironie, ridait sa joue droite.
Quant à sa toilette, cette aérienne toilette de
mousseline et de rubans qui semblait faite avec
de la gaîté, de la folie et de la musique, pleine

de grelots et parfumée de lilas, elle s'était éva-
nouie comme ces beaux givres éclatants qu'on
prend pour des diamants au soleil; ils fondent
et laissent la branche toute noire.

Dix mois s'étaient écoulés depuis « la bonne
farce. »

Que s'était-il passé pendant ces dix mois? on
le devine.

Après l'abandon, la gêne. Fantine avait tout
de suite perdu de vue Favourite, Zéphine et Dah-
lia; le lien brisé du côté des hommes, s'était
défait du côté des femmes; on les eût bien éton-
nées, quinze jours après, si on leur eût dit
qu'elles étaient amies; cela n'avait plus de raison d'être. Fantine était restée seule. Le père
de son enfant parti, — hélas! ces ruptures-là
sont irrévocables, — elle se trouva absolument
isolée, avec l'habitude du travail de moins et le
goût du plaisir de plus. Entraînée par sa liaison
avec Tholomyès à dédaigner le petit métier
qu'elle savait, elle avait négligé ses débouchés;
ils s'étaient fermés. Nulle ressource. Fantine

savait à peine lire et ne savait pas écrire; on lui
avait seulement appris dans son enfance à signer
son nom; elle avait fait écrire par un écrivain
public une lettre à Tholomyès, puis une seconde,
puis une troisième. Tholomyès n'avait répondu
à aucune. Un jour, Fantine entendit des com-
mères dire en regardant sa fille: — est-ce qu'on
prend ces enfants-là au sérieux? on hausse les
épaules de ces enfants-là! — Alors elle songea à
Tholomyès qui haussait les épaules de son enfant et qui ne prenait pas cet être innocent au
sérieux; et son cœur devint sombre à l'endroit
de cet homme. Quel parti prendre pourtant? elle
ne savait plus à qui s'adresser. Elle avait commis une faute; mais le fond de sa nature, on
s'en souvient, était pudeur et vertu. Elle sentit
vaguement qu'elle était à la veille de tomber dans
la détresse et de glisser dans le pire. Il fallait
du courage, elle en eut, et se roidit. L'idée lui
vint de retourner dans sa ville natale, à M.—
sur M.—. Là quelqu'un peut-être la connaîtrait
et lui donnerait du travail; oui; mais il faudrait

cacher sa faute. Et elle entrevoyait confusément
la nécessité possible d'une séparation plus douloureuse encore que la première. Son cœur se
serra, mais elle prit sa résolution. Fantine, on
le verra, avait la farouche bravoure de la vie.
Elle avait déjà vaillamment renoncé à la parure,
et s'était vêtue de toile, et avait mis toute sa
soie, tous ses chiffons, tous ses rubans et toutes
ses dentelles sur sa fille, seule vanité qui lui res-
tât, et sainte celle-là. Elle vendit tout ce qu'elle
avait, ce qui lui produisit deux cents francs; ses
petites dettes payées, elle n'eut plus que quatre-
vingts francs environ. A vingt-deux ans, par
une belle matinée de printemps, elle quittait
Paris, emportant son enfant sur son dos. Quelqu'un qui les eût vues passer toutes les deux eût
eu pitié. Cette femme n'avait au monde que cet
enfant et cet enfant n'avait au monde que cette
femme. Fantine avait nourri sa fille; cela lui
avait fatigué la poitrine et elle toussait un peu.

Nous n'aurons plus occasion de parler de
M. Félix Tholomyès. Bornons-nous à dire que,

vingt ans plus tard, sous le roi Louis-Philippe, c'était un gros avoué de province, influent et riche, électeur sage et juré très sévère; toujours homme de plaisir.

Vers le milieu du jour, après avoir, pour se reposer, cheminé de temps en temps, moyennant trois ou quatre sous par lieue, dans ce qu'on appelait alors les Petites Voitures des Environs de Paris, Fantine se trouvait à Montfermeil dans la ruelle du Boulanger.

Comme elle passait devant l'auberge Thénardier, les deux petites filles, enchantées sur leur escarpolette monstre, avaient été pour elle une sorte d'éblouissement, et elle s'était arrêtée devant cette vision de joie.

Il y a des charmes. Ces deux petites filles en furent un pour cette mère.

Elle les considérait, tout émue. La présence des anges est une annonce de paradis. Elle crut voir au dessus de cette auberge le mystérieux ICI de la Providence. Ces deux petites étaient évidemment heureuses! Elle les regardait, elle

les admirait, tellement attendrie qu'au moment
où la mère reprenait haleine entre deux vers
de sa chanson, elle ne put s'empêcher de lui
dire ce mot qu'on vient de lire :

— Vous avez là deux jolis enfants, madame.

Les créatures les plus féroces sont désarmées
par la caresse à leurs petits.

La mère leva la tête et remercia, et fit
asseoir la passante sur le banc de la porte, elle-
même étant sur le seuil. Les deux femmes cau-
sèrent.

— Je m'appelle madame Thénardier, dit la
mère des deux petites. Nous tenons cette auberge.

Puis, toujours à sa romance, elle reprit entre
ses dents :

> Il le faut, je suis chevalier,
> Et je pars pour la Palestine.

Cette madame Thénardier était une femme
rousse, charnue, anguleuse; le type femme-à-
soldat dans toute sa disgrâce. Et, chose bizarre,

avec un air penché qu'elle devait à des lec-
tures romanesques. C'était une minaudière hom-
masse. De vieux romans qui se sont éraillés
sur des imaginations de gargotières, ont de ces
effets-là. Elle était jeune encore; elle avait à
peine trente ans. Si cette femme, qui était accroupie, se fût tenue droite, peut-être sa haute
taille et sa carrure de colosse ambulant, propre
aux foires, eussent-elles dès l'abord effarouché
la voyageuse, troublé sa confiance, et fait évanouir ce que nous avons à raconter. Une personne qui est assise au lieu d'être debout, les
destinées tiennent à cela.

La voyageuse raconta son histoire, un peu
modifiée.

Qu'elle était ouvrière; que son mari était
mort; que le travail lui manquait à Paris, et
qu'elle allait en chercher ailleurs; dans son
pays; qu'elle avait quitté Paris le matin même,
à pied; que, comme elle portait son enfant, se
sentant fatiguée, et ayant rencontré la voiture
de Villemomble, elle y était montée; que de Vil-

lemomble elle était venue à Montfermeil à pied;
que la petite avait un peu marché, mais pas
beaucoup, c'est si jeune, et qu'il avait fallu la
prendre et que le bijou s'était endormi.

Et sur ce mot elle donna à sa fille un baiser
passionné qui la réveilla. L'enfant ouvrit les
yeux, de grands yeux bleus comme ceux de sa
mère, et regarda, quoi? Rien, tout, avec cet air
sérieux et quelquefois sévère des petits enfants,
qui est un mystère de leur lumineuse innocence
devant nos crépuscules de vertus. On dirait
qu'ils se sentent anges et qu'ils nous savent
hommes. Puis l'enfant se mit à rire, et, quoique
la mère la retint, glissa à terre avec l'indomp-
table énergie d'un petit être qui veut courir.
Tout à coup elle aperçut les deux autres sur
leur balançoire, s'arrêta court, et tira la langue
signe d'admiration.

La mère Thénardier détacha ses filles, les fit
descendre de l'escarpolette, et dit :

— Amusez-vous toutes les trois.

Ces âges-là s'apprivoisent vite; et au bout

d'une minute, les petites Thénardier jouaient avec la nouvelle venue à faire des trous dans la terre, plaisir immense.

Cette nouvelle venue était très gaie ; la bonté de la mère est écrite dans la gaîté du marmot ; elle avait pris un brin de bois qui lui servait de pelle et elle creusait énergiquement une fosse bonne pour une mouche. Ce que fait le fossoyeur devient riant, fait par l'enfant.

Les deux femmes continuaient de causer.

— Comment s'appelle votre mioche ?

— Cosette.

Cosette, lisez Euphrasie. La petite se nommait Euphrasie. Mais d'Euphrasie la mère avait fait Cosette, par ce doux et gracieux instinct des mères et du peuple qui change Josefa en Pepita et Françoise en Sillette. C'est là un genre de dérivés qui dérange et déconcerte toute la science des étymologistes. Nous avons connu une grand'mère qui avait réussi à faire de Théodore, Gnon.

— Quel âge a-t-elle ?

— Elle va sur trois ans.

— C'est comme mon aînée.

Cependant les trois petites filles étaient groupées dans une posture d'anxiété profonde et de béatitude; un événement avait lieu; un gros ver venait de sortir de terre; et elles avaient peur; et elles étaient en extase.

Leurs fronts radieux se touchaient; on eût dit trois têtes dans une auréole.

— Les enfants, s'écria la mère Thénardier, comme ça se connaît tout de suite! les voilà qu'on jurerait trois sœurs!

Ce mot fut l'étincelle qu'attendait probablement l'autre mère. Elle saisit la main de la Thénardier, la regarda fixement et lui dit :

— Voulez-vous me garder mon enfant?

La Thénardier eut un de ces mouvements surpris qui ne sont ni le consentement ni le refus.

La mère de Cosette poursuivit :

— Voyez-vous, je ne peux pas emmener ma fille au pays. L'ouvrage ne le permet pas. Avec un enfant, on ne trouve pas à se placer. Ils sont si ridicules dans ce pays-là. C'est le bon Dieu qui m'a fait passer devant votre auberge. Quand j'ai vu vos petites si jolies et si propres et si contentes, cela m'a bouleversée. J'ai dit : voilà une bonne mère. C'est ça ; ça fera trois sœurs. Et puis, je ne serai pas longtemps à revenir. Voulez-vous me garder mon enfant?

— Il faudrait voir, dit la Thénardier.

— Je donnerais six francs par mois.

Ici une voix d'homme cria du fond de la gargote :

— Pas à moins de sept francs. Et six mois payés d'avance.

—Six fois sept quarante-deux, dit la Thénardier.

—Je les donnerai, dit la mère.

— Et quinze francs en dehors pour les premiers frais, ajouta la voix d'homme.

— Total cinquante-sept francs, dit la madame Thénardier. Et à travers ces chiffres, elle chantonnait vaguement :

> Il le faut, disait un guerrier.

— Je les donnerai, dit la mère, j'ai quatre-
vingts francs. Il me restera de quoi aller au pays.
En allant à pied. Je gagnerai de l'argent là bas,
et dès que j'en aurai un peu, je reviendrai chercher l'amour.

La voix d'homme reprit :

— La petite a un trousseau?

— C'est mon mari, dit la Thénardier.

— Sans doute elle a un trousseau, le pauvre
trésor. J'ai bien vu que c'était votre mari. Et un
beau trousseau encore! un trousseau insensé,
tout par douzaines; et des robes de soie comme
une dame. Il est là dans mon sac de nuit.

— Il faudra le donner, repartit la voix
d'homme.

— Je crois bien que je le donnerai! dit la mère.
Ce serait cela qui serait drôle si je laissais ma
fille toute nue!

La face du maître apparut.

— C'est bon, dit-il.

Le marché fut conclu. La mère passa la nuit
à l'auberge, donna son argent et laissa son

enfant, renoua son sac de nuit dégonflé du trousseau et léger désormais, et partit le lendemain
matin, comptant revenir bientôt. On arrange
tranquillement ces départs-là; mais ce sont des
désespoirs.

Une voisine des Thénardier rencontra cette
mère comme elle s'en allait, et s'en revint en
disant :

—Je viens de voir une femme qui pleure dans
la rue, que c'est un déchirement.

Quand la mère de Cosette fut partie, l'homme
dit à la femme :

— Cela va me payer mon effet de cent dix
francs qui échoit demain. Il me manquait cinquante francs. Sais-tu que j'aurais eu l'huissier
et un protêt? Tu as fait là une bonne souricière
avec tes petites.

—Sans m'en douter, dit la femme.

Première esquisse de deux figures louches

La souris prise était bien chétive; mais le chat se réjouit même d'un souris maigre.

Qu'était-ce que les Thénardier?

Disons-en un mot dès à présent. Nous compléterons le croquis plus tard.

Ces êtres appartenaient à cette classe bâtarde composée de gens grossiers parvenus et de gens intelligents déchus, qui est entre la classe dite moyenne et la classe dite inférieure, et qui combine quelques-uns des défauts de la seconde avec presque tous les vices de la première, sans avoir le généreux élan de l'ouvrier ni l'ordre honnête du bourgeois.

C'étaient de ces natures naines qui, si quelque feu sombre les chauffe par hasard, deviennent facilement monstrueuses. Il y avait dans la femme le fond d'une brute et dans l'homme l'étoffe d'un gueux. Tous deux étaient au plus haut degré susceptibles de l'espèce de hideux progrès qui se fait dans le sens du mal. Il existe des âmes écrevisses reculant continuellement vers les ténèbres, rétrogradant dans la vie plutôt qu'elles n'y avancent, employant l'expérience à augmenter leur difformité, empirant sans cesse et s'empreignant de plus en plus d'une noirceur croissante. Cet homme et cette femme étaient de ces âmes-là.

Le Thénardier particulièrement était gênant pour le physionomiste. On n'a qu'à regarder certains hommes pour s'en défier, car on les sent ténébreux à leurs deux extrémités. Ils sont inquiets derrière eux et menaçants devant eux. Il y a en eux de l'inconnu. On ne peut pas plus répondre de ce qu'ils ont fait que de ce qu'ils feront. L'ombre qu'ils ont dans le regard les dénonce. Rien qu'en les entendant dire un mot ou qu'en les voyant faire un geste, on entrevoit de sombres secrets dans leur passé et de sombres mystères dans leur avenir.

. Ce Thénardier, s'il fallait l'en croire, avait été soldat; sergent, disait-il; il avait fait probablement la campagne de 1815, et s'était même comporté assez bravement, à ce qu'il paraît. Nous verrons plus tard ce qu'il en était. L'enseigne de son cabaret était une allusion à l'un de ses faits d'armes. Il l'avait peinte lui-même, car il savait faire un peu de tout; mal.

C'était l'époque où l'antique roman classique, qui, après avoir été *Clélie*, n'était plus que *Lo-*

doïska, toujours noble, mais de plus en plus vulgaire, tombé de mademoiselle de Scudéry à madame Bournon-Malarme et de madame de Lafayette à madame Barthélemy-Hadot, incendiait l'âme aimante des portières de Paris et ravageait même un peu la banlieue. Madame Thénardier était juste assez intelligente pour lire ces espèces de livres. Elle s'en nourrissait. Elle y noyait ce qu'elle avait de cervelle; cela lui avait donné, tant qu'elle avait été très jeune, et même un peu plus tard, une sorte d'attitude pensive près de son mari, coquin d'une certaine profondeur, ruffian lettré à la grammaire près, grossier et fin en même temps, mais, en fait de sentimentalisme, lisant Pigault-Lebrun, et pour « tout ce qui touche le sexe, » comme il disait dans son jargon, butor correct et sans mélange. Sa femme avait quelques douze ou quinze ans de moins que lui. Plus tard, quand les cheveux romanesquement pleureurs commencèrent à grisonner, quand la Mégère se dégagea de la Paméla, la Thénardier ne fut plus qu'une grosse méchante femme ayant savouré des romans bêtes. Or on ne lit pas impunément des niaiseries. Il en résulta que sa fille aînée se nomma Éponine ; quant à la cadette, la pauvre petite faillit se nommer Gulnare ; elle dut à je ne sais quelle heureuse diversion faite par un roman de Ducray-Duminil, de ne s'appeler qu'Azelma.

Au reste, pour le dire en passant, tout n'est pas ridicule et superficiel dans cette curieuse époque à laquelle nous faisons ici allusion, et qu'on pourrait appeler l'anarchie des noms de baptême. A côté de l'élément romanesque, que nous venons d'indiquer, il y a le symptôme social. Il n'est pas rare aujourd'hui que le garçon bouvier se nomme Arthur, Alfred ou Alphonse, et que le vicomte — s'il y a encore des vicomtes — se nomme Thomas, Pierre ou Jacques. Ce déplacement qui met le nom « élégant » sur le plébéien et le nom campagnard sur l'aristocrate, n'est autre chose qu'un remous d'égalité. L'irrésistible pénétration du souffle nouveau est là comme en tout. Sous cette discordance apparente, il y a une chose grande et profonde, la Révolution française.

III

L'Alouette

Il ne suffit pas d'être méchant pour prospé-
rer. La gargote allait mal.

Grâce aux cinquante-sept francs de la voyageuse, Thénardier avait pu éviter un protêt et
faire honneur à sa signature. Le mois suivant

ils eurent encore besoin d'argent; la femme
porta à Paris et engagea au mont de piété le
trousseau de Cosette pour une somme de soixante
francs. Dès que cette somme fut dépensée, les
Thénardier s'accoutumèrent à ne plus voir dans
la petite fille qu'un enfant qu'ils avaient chez
eux par charité, et la traitèrent en conséquence.
Comme elle n'avait plus de trousseau, on l'ha-
billa des vieilles jupes et des vieilles chemises
des petites Thénardier, c'est à dire de haillons.
On la nourrit des restes de tout le monde, un
peu mieux que le chien et un plus mal que le
chat. Le chien et le chat étaient du reste ses
commensaux habituels; Cosette mangeait avec
eux sous la table dans une écuelle de bois pareille à la leur.

La mère qui s'était fixée, comme on le verra
plus tard, à M.— sur M.—, écrivait, ou pour
mieux dire, faisait écrire tous les mois afin
d'avoir des nouvelles de son enfant. Les Thénardier répondaient invariablement : Cosette est
à merveille.

Les six premiers mois révolus, la mère envoya
sept francs pour le septième mois, et continua
assez exactement ses envois de mois en mois.
L'année n'était pas finie que le Thénardier dit :
— Une belle grâce qu'elle nous fait là ! que veut-
elle que nous fassions avec ses sept francs ! —
et il écrivit pour exiger douze francs. La mère,
à laquelle ils persuadaient que son enfant était
heureuse « et venait bien, » se soumit et envoya
les douze francs.

Certaines natures ne peuvent aimer d'un côté
sans haïr de l'autre. La mère Thénardier aimait
passionnément ses deux filles à elle, ce qui fit
qu'elle détesta l'étrangère. Il est triste de songer
que l'amour d'une mère peut avoir de vilains
aspects. Si peu de place que Cosette tînt chez
elle, il lui semblait que cela était pris aux siens,
et que cette petite diminuait l'air que ses filles
respiraient. Cette femme, comme beaucoup de
femmes de sa sorte, avait une somme de ca-
resses et une somme de coups et d'injures à
dépenser chaque jour. Si elle n'avait pas eu

Cosette, il est certain que ses filles, tout idolâ-
trées qu'elles étaient, auraient tout reçu; mais
l'étrangère leur rendit le service de détourner
les coups sur elle. Ses filles n'eurent que les ca-
resses. Cosette ne faisait pas un mouvement qui
ne fît pleuvoir sur sa tête une grêle de châti-
ments violents et immérités. Doux être faible
qui ne devait rien comprendre à ce monde ni à
Dieu, sans cesse punie, grondée, rudoyée, bat-
tue et voyant à côté d'elle deux petites créatures
comme elle, qui vivaient dans un rayon d'aurore!

La Thénardier étant méchante pour Cosette,
Éponine et Azelma furent méchantes. Les enfants, à cet âge, ne sont que des exemplaires
de la mère. Le format est plus petit, voilà tout.

Une année s'écoula, puis une autre.

On disait dans le village :

— Ces Thénardier sont de braves gens. Ils
ne sont pas riches, et ils élèvent un pauvre
enfant qu'on leur a abandonné chez eux!

On croyait Cosette oubliée par sa mère.

Cependant le Thénardier ayant appris par on ne sait quelles voies obscures que l'enfant était probablement bâtard et que la mère ne pouvait l'avouer, exigea quinze francs par mois, disant que « la créature » grandissait et « *mangeait*, » et menaçant de la renvoyer. « Qu'elle ne m'em-« bête pas! s'écriait-il, je lui bombarde son « mioche tout au milieu de ses cachotteries. Il « me faut de l'augmentation. » La mère paya les quinze francs.

D'année en année, l'enfant grandit, et sa misère aussi.

Tant que Cosette fut toute petite, elle fut le souffre-douleur des deux autres enfants; dès qu'elle se mit à se développer un peu, c'est à dire avant même qu'elle eût cinq ans, elle devint la servante de la maison.

Cinq ans, dira-t-on, c'est invraisemblable. Hélas, c'est vrai. La souffrance sociale commence à tout âge. N'avons-nous pas vu, récemment, le procès d'un nommé Dumollard, orphelin devenu bandit, qui, dès l'âge de cinq ans, disent

les documents officiels, étant seul au monde
' « travaillait pour vivre, et volait. »

On fit faire à Cosette les commissions, balayer
les chambres, la cour, la rue, laver la vaisselle,
porter même des fardeaux. Les Thénardier se
crurent d'autant plus autorisés à agir ainsi que
la mère qui était toujours à M.—sur M.—commença à mal payer. Quelques mois restèrent
en souffrance.

Si cette mère fût revenue à Montfermeil au
bout de ces trois années, elle n'eût point reconnu son enfant. Cosette, si jolie et si fraîche
à son arrivée dans cette maison, était maintenant maigre et blême. Elle avait je ne sais
quelle allure inquiète. Sournoise! disaient les
Thénardier.

L'injustice l'avait faite hargneuse et la misère
l'avait rendue laide. Il ne lui restait plus que
ses beaux yeux qui faisaient peine, parce que,
grands comme ils étaient, il semblait qu'on y
vît une plus grande quantité de tristesse.

C'était une chose navrante de voir l'hiver ce

pauvre enfant, qui n'avait pas encore six ans,
grelottant sous de vieilles loques de toile trouées,
balayer la rue avant le jour avec un énorme ba-
lai dans ses petites mains rouges et une larme
dans ses grands yeux.

Dans le pays on l'appelait l'Alouette. Le peuple, qui aime les figures, s'était plu à nommer de
ce nom ce petit être pas plus gros qu'un oiseau,
tremblant, effarouché et frissonnant, éveillé le
premier chaque matin dans la maison et dans le
village, toujours dans la rue ou dans les champs
avant l'aube.

Seulement la pauvre alouette ne chantait jamais.

LIVRE CINQUIÈME

LA DESCENTE

1

Histoire d'un progrès dans les verroteries noires

.

Cette mère cependant qui, au dire des gens
de Montfermeil, semblait avoir abandonné son
enfant, que devenait-elle? où était-elle? que fai-
sait-elle?

Après avoir laissé sa petite Cosette aux Thénardier, elle avait continué son chemin et était
arrivée à M.— sur M.—.

C'était, on se le rappelle, en 1818.

Fantine avait quitté sa province depuis une
dixaine d'années. M.— sur M.— avait changé
d'aspect. Tandis que Fantine descendait lentement de misère en misère, sa ville natale avait
prospéré.

Depuis deux ans environ, il s'y était accompli
un de ces faits industriels qui sont les grands
événements des petits pays.

Ce détail importe, et nous croyons utile de
le développer; nous dirions presque, de le sou-
ligner.

De temps immémorial, M.— sur M.— avait
pour industrie spéciale l'imitation des jais
anglais et des verroteries noires d'Allemagne.
Cette industrie avait toujours végété, à cause
de la cherté des matières premières qui réa-
gissait sur la main-d'œuvre. Au moment où
Fantine revint à M.— sur M.—, une transfor

mation inouïe s'était opérée dans cette produc-
tion des « articles noirs. » Vers la fin de 1815,
un homme, un inconnu, était venu s'établir dans
la ville et avait eu l'idée de substituer, dans cette
fabrication, la gomme-laque à la résine et, pour
les bracelets en particulier, les coulants en
tôle simplement rapprochée aux coulants en
tôle soudée.

Ce tout petit changement avait été une révolution.

Ce tout petit changement en effet avait prodi-
gieusement réduit le prix de la matière première, ce qui avait permis, premièrement,
d'élever le prix de la main-d'œuvre, bienfait
pour le pays, deuxièmement d'améliorer la fabrication, avantage pour le consommateur, troi-
sièmement de vendre à meilleur marché tout en
triplant le bénéfice, profit pour le manufacturier.

Ainsi pour une idée trois résultats.

En moins de trois ans, l'auteur de ce procédé
était devenu riche, ce qui est bien, et avait tout

fait riche autour de lui, ce qui est mieux. Il était étranger au département. De son origine, on ne savait rien; de ses commencements, peu de chose.

On contait qu'il était venu dans la ville avec fort peu d'argent, quelques centaines de francs tout au plus.

C'est de ce mince capital, mis au service d'une idée ingénieuse, fécondé par l'ordre et par la pensée, qu'il avait tiré sa fortune et la fortune de tout ce pays.

A son arrivée à M.— sur M.—, il n'avait que les vêtements, la tournure et le langage d'un ouvrier.

Il paraît que, le jour même où il faisait obscurément son entrée dans la petite ville de M.— sur M.—, à la tombée d'un soir de décembre, le sac au dos et le bâton d'épine à la main, un gros incendie venait d'éclater à la maison commune. Cet homme s'était jeté dans le feu, et avait sauvé, au péril de sa vie, deux enfants qui se trouvaient être ceux du capitaine

de gendarmerie; ce qui fait qu'on n'avait pas
songé à lui demander son passeport. Depuis
lors, on avait su son nom. Il s'appelait *le père
Madeleine*.

II

Madeleine

C'était un homme d'environ cinquante ans, qui avait l'air préoccupé et qui était bon. Voilà tout ce qu'on en pouvait dire.

Grâce aux progrès rapides de cette industrie

qu'il avait si admirablement remaniée, M.— sur
M.— était devenu un centre d'affaires considérable. L'Espagne, qui consomme beaucoup de
jais noir, y commandait chaque année des achats
immenses. M.— sur M.—, pour ce commerce,
faisait presque concurrence à Londres et à Ber-
lin. Les bénéfices du père Madeleine étaient tels
que, dès la deuxième année, il avait pu bâtir une
grande fabrique dans laquelle il y avait deux
vastes ateliers, l'un pour les hommes, l'autre
pour les femmes. Quiconque avait faim pouvait
s'y présenter, et était sûr de trouver là de l'em-
ploi et du pain. Le père Madeleine demandait
aux hommes de la bonne volonté, aux femmes,
des mœurs pures, à tous de la probité. Il avait
divisé les ateliers, afin de séparer les sexes et
que les filles et les femmes pussent rester sages.
Sur ce point, il était inflexible. C'était le seul où
il fût en quelque sorte intolérant. Il était d'autant plus fondé à cette sévérité que, M.— sur
M.—étant une ville de garnison, les occasions
de corruption abondaient. Du reste sa venue

avait été un bienfait, et sa présence était une
providence. Avant l'arrivée du père Madeleine,
tout languissait dans le pays ; maintenant tout
y vivait de la vie saine du travail. Une forte circulation échauffait tout et pénétrait partout. Le
chômage et la misère étaient inconnus. Il n'y
avait pas de poche si obscure où il n'y eût un
peu d'argent, pas de logis si pauvre où il n'y eût
un peu de joie.

Le père Madeleine employait tout le monde.
Il n'exigeait qu'une chose : Soyez honnête
homme! Soyez honnête fille!

Comme nous l'avons dit, au milieu de cette
activité dont il était la cause et le pivot, le père
Madeleine faisait sa fortune, mais, chose assez
singulière dans un simple homme de commerce,
il ne paraissait point que ce fût là son principal souci. Il semblait qu'il songeât beaucoup
aux autres et peu à lui. En 1820, on lui connaissait une somme de six cent trente mille francs
placée à son nom chez Laffitte ; mais avant de se
réserver ces six cent trente mille francs, il avait

dépensé plus d'un million pour la ville et pour
les pauvres.

L'hôpital était mal doté; il y avait fondé dix
lits. M.— sur M.— est divisé en ville haute et
ville basse. La ville basse qu'il habitait n'avait
qu'une école, méchante masure qui tombait en
ruine; il en avait construit deux, une pour les
filles, l'autre pour les garçons. Il allouait de ses
deniers aux deux instituteurs une indemnité
double de leur maigre traitement officiel, et un
jour, à quelqu'un qui s'en étonnait, il dit : « Les
« deux premiers fonctionnaires de l'État, c'est la
« nourrice et le maître d'école. » Il avait créé à
ses frais une salle d'asile, chose alors presque
inconnue en France, et une caisse de secours
pour les ouvriers vieux et infirmes. Sa manufacture étant un centre, un nouveau quartier où
il y avait bon nombre de familles indigentes
avait rapidement surgi autour de lui; il y avait
établi une pharmacie gratuite.

Dans les premiers temps, quand on le vit commencer, les bonnes âmes dirent : c'est un gail-

lard qui veut s'enrichir. Quand on le vit enrichir le pays avant de s'enrichir lui-même, les
mêmes bonnes âmes dirent : c'est un ambitieux.
Cela semblait d'autant plus probable que cet
homme était religieux, et même pratiquait dans
une certaine mesure, chose fort bien vue à cette
époque. Il allait régulièrement entendre une
basse messe tous les dimanches. Le député local, qui flairait partout des concurrences, ne
tarda pas à s'inquiéter de cette religion. Ce
député, qui avait été membre du corps législa-
tif de l'empire, partageait les idées religieuses
d'un père de l'Oratoire connu sous le nom de
Fouché, duc d'Otrante, dont il avait été la créature et l'ami. A huis clos il riait de Dieu doucement. Mais quand il vit le riche manufacturier
Madeleine aller à la basse messe de sept heures,
il entrevit un candidat possible et résolut de le
dépasser ; il prit un confesseur jésuite et alla à
la grand'messe et à vêpres. L'ambition en ce
temps-là était, dans l'acception directe du mot,
une course au clocher. Les pauvres profitèrent

de cette terreur comme le bon Dieu, car l'honorable député fonda aussi deux lits à l'hôpital; ·
ce qui fit douze.

Cependant en 1819 le bruit se répandit un matin dans la ville que, sur la présentation de M. le
préfet et en considération des services rendus
au pays, le père Madeleine allait être nommé
par le roi, maire de M.— sur M.—. Ceux qui
avaient déclaré ce nouveau venu « un ambitieux, » saisirent avec transport cette occasion
que tous les hommes souhaitent, de s'écrier :
Là! qu'est-ce que nous avions dit? Tout M.— sur
M.— fut en rumeur. Le bruit était fondé. Quelques jours après, la nomination parut dans le *Mo-
niteur*. Le lendemain, le père Madeleine refusa.

Dans cette même année 1819, les produits du
nouveau procédé inventé par Madeleine figu-
rèrent à l'exposition de l'industrie; sur le rapport
du jury, le roi nomma l'inventeur chevalier de
la légion d'honneur. Nouvelle rumeur dans la
petite ville. Eh bien! c'est la croix qu'il voulait!
Le père Madeleine refusa la croix.

Décidément cet homme était une énigme. Les bonnes âmes se tirèrent d'affaire en disant : Après tout, c'est une espèce d'aventurier.

On l'a vu, le pays lui devait beaucoup, les pauvres lui devaient tout; il était si utile qu'il avait bien fallu qu'on finît par l'honorer, et il était si doux qu'il avait bien fallu qu'on finît par l'aimer; ses ouvriers en particulier l'adoraient, et il portait cette adoration avec une sorte de gravité mélancolique. Quand il fut constaté riche, « les personnes de la société » le saluèrent, et on l'appela dans la ville : monsieur Madeleine; — ses ouvriers et les enfants continuèrent de l'appeler *le père Madeleine*, et c'était la chose qui le faisait le mieux sourire. A mesure qu'il montait, les invitations pleuvaient sur lui. « La société » le réclamait. Les petits salons guindés de M.—sur M.— qui, bien entendu, se fussent dans les premiers temps fermés à l'artisan, s'ouvrirent à deux battants au millionnaire. On lui fit mille avances. Il refusa.

Cette fois encore les bonnes âmes ne furent

point empêchées. — C'est un homme ignorant
et de basse éducation. On ne sait d'où cela sort.
Il ne saurait pas se tenir dans le monde. Il
n'est pas du tout prouvé qu'il sache lire.

Quand on l'avait vu gagner de l'argent, on
avait dit : c'est un marchand. Quand on l'avait
vu semer son argent, on avait dit : c'est un
ambitieux. Quand on l'avait vu repousser les
honneurs, on avait dit : c'est un aventurier.
Quand on le vit repousser le monde, on dit :
c'est une brute.

En 1820, cinq ans après son arrivée à M.—
sur M.—, les services qu'il avait rendus au pays
étaient si éclatants, le vœu de toute la contrée
fut tellement unanime que le roi le nomma de
nouveau maire de la ville. Il refusa encore, mais
le préfet résista à son refus, tous les notables
vinrent le prier, le peuple en pleine rue le
suppliait, l'insistance fut si vive qu'il finit par
accepter. On remarqua que ce qui parut surtout le déterminer, ce fut l'apostrophe presque
irritée d'une vieille femme du peuple qui lui

cria du seuil de sa porte avec humeur : *un bon maire, c'est utile. Est-ce qu'on recule devant du bien qu'on peut faire?*

Ce fut là la troisième phase de son ascension. Le père Madeleine était devenu monsieur Madeleine; monsieur Madeleine devint monsieur le maire.

III

Sommes déposées chez Laffitte

Du reste, il était demeuré aussi simple que le premier jour. Il avait les cheveux gris, l'œil sérieux, le teint hâlé d'un ouvrier, le visage pensif d'un philosophe. Il portait habituellement

un chapeau à bords larges et une longue redingote de gros drap, boutonnée jusqu'au menton.
Il remplissait ses fonctions de maire, mais hors
de là, il vivait solitaire. Il parlait à peu de
monde. Il se dérobait aux politesses, saluait de
côté, s'esquivait vite, souriait pour se dispenser
de causer, donnait pour se dispenser de sourire.
Les femmes disaient de lui : quel bon ours! Son
plaisir était de se promener dans les champs.

Il prenait ses repas toujours seul, avec un
livre ouvert devant lui où il lisait. Il avait une
petite bibliothèque bien faite. Il aimait les
livres; les livres sont des amis froids et sûrs.
A mesure que le loisir lui venait avec la fortune,
il semblait qu'il en profitât pour cultiver son
esprit. Depuis qu'il était à M.— sur M.—, on
remarquait que d'année en année son langage
devenait plus poli, plus choisi et plus doux.

Il emportait volontiers un fusil dans ses pro-
menades, mais il s'en servait rarement. Quand
cela lui arrivait par aventure, il avait un tir
infaillible qui effrayait. Jamais il ne tuait un

animal inoffensif. Jamais il ne tirait un petit oiseau.

Quoiqu'il ne fût plus jeune, on contait qu'il était d'une force prodigieuse. Il offrait un coup de main à qui en avait besoin, relevait un cheval, poussait à une roue embourbée, arrêtait par les cornes un taureau échappé. Il avait toujours ses poches pleines de monnaie en sortant et vides en rentrant. Quand il passait dans un village, les marmots déguenillés couraient joyeusement après lui et l'entouraient comme une nuée de moucherons.

On croyait deviner qu'il avait dû vivre jadis de la vie des champs, car il avait toutes sortes de secrets utiles qu'il enseignait aux paysans. Il leur apprenait à détruire la teigne des blés en aspergeant le grenier et en inondant les fentes du plancher d'une dissolution de sel commun, et à chasser les charançons en suspendant partout, aux murs et aux toits, dans les herbages et dans les maisons, de l'orviot en fleur. Il avait des « recettes » pour extirper d'un

champ la luzette, la nielle, la vesce, la gave-
rolle, la queue de renard, toutes les herbes parasites qui mangent le blé. Il défendait une
lapinière contre les rats rien qu'avec l'odeur
d'un petit cochon de Barbarie qu'il y mettait.

Un jour il voyait des gens du pays très occu-
pés à arracher des orties; il regarda ce tas de
plantes déracinées et déjà desséchées, et dit :
—c'est mort. Cela serait pourtant bon si l'on savait
s'en servir. Quand l'ortie est jeune, la feuille est
un légume excellent; quand elle vieillit, elle a
des filaments et des fibres comme le chanvre et le
lin. La toile d'ortie vaut la toile de chanvre. Ha-
chée, l'ortie est bonne pour la volaille; broyée,
elle est bonne pour les bêtes à cornes. La graine
de l'ortie mêlée au fourrage donne du luisant au
poil des animaux; la racine mêlée au sel produit une belle couleur jaune. C'est du reste un
excellent foin qu'on peut faucher deux fois. Et
que faut-il à l'ortie? Peu de terre, nul soin,
nulle culture. Seulement la graine tombe à
mesure qu'elle mûrit, et est difficile à récolter.

Voilà tout. Avec quelque peine qu'on prendrait, l'ortie serait utile; on la néglige, elle devient nuisible. Alors on la tue. Que d'hommes ressemblent à l'ortie! — Il ajouta après un silence : mes amis, retenez ceci, il n'y a ni mauvaises herbes ni mauvais hommes. Il n'y a que de mauvais cultivateurs.

Les enfants l'aimaient encore, parce qu'il savait faire de charmants petits ouvrages avec de la paille et des noix de coco.

Quand il voyait la porte d'une église tendue de noir, il entrait; il recherchait un enterrement comme d'autres recherchent un baptême. Le veuvage et le malheur d'autrui l'attiraient à cause de sa grande douceur; il se mêlait aux amis en deuil, aux familles vêtues de noir, aux prêtres gémissant autour d'un cercueil. Il semblait donner volontiers pour texte à ses pensées ces psalmodies funèbres pleines de la vision d'un autre monde. L'œil au ciel, il écoutait, avec une sorte d'aspiration vers tous les mystères de l'infini, ces voix tristes

qui chantent sur le bord de l'abîme obscur de
la mort.

Il faisait une foule de bonnes actions, en se
cachant comme on se cache pour les mauvaises.
Il pénétrait à la dérobée, le soir, dans les maisons ; il montait furtivement des escaliers. Un
pauvre diable, en rentrant dans son galetas,
trouvait que sa porte avait été ouverte, quelquefois même forcée, dans son absence. Le
pauvre homme se récriait : quelque malfaiteur
est venu ! Il entrait, et la première chose qu'il
voyait, c'était une pièce d'or oubliée sur un
meuble. « Le malfaiteur » qui était venu, c'était
le père Madeleine.

Il était affable et triste. Le peuple disait :
voilà un homme riche qui n'a pas l'air fier.
Voilà un homme heureux qui n'a pas l'air content.

Quelques-uns prétendaient que c'était un personnage mystérieux et affirmaient qu'on n'entrait jamais dans sa chambre, laquelle était une
vraie cellule d'anachorète meublée de sabliers

ailés et enjolivée de tibias en croix et de têtes de
mort. Cela se disait beaucoup, si bien que quelques jeunes femmes élégantes et malignes de
M.— sur M.— vinrent chez lui un jour, et lui
demandèrent : — Monsieur le maire, montrez-
nous donc votre chambre. On dit que c'est une
grotte.—Il sourit, et les introduisit sur le champ
dans cette « grotte. » Elles furent bien punies de
leur curiosité. C'était une chambre garnie tout
bonnement de meubles d'acajou assez laids
comme tous les meubles de ce genre et tapissée
de papier à douze sous. Elles n'y purent rien
remarquer que deux flambeaux de forme vieillie
qui étaient sur la cheminée et qui avaient l'air
d'être en argent, « car ils étaient contrôlés. »
Observation pleine de l'esprit des petites villes.

On n'en continua pas moins de dire que personne ne pénétrait dans cette chambre et que
c'était une caverne d'ermite, un rêvoir, un
trou, un tombeau.

On se chuchotait aussi qu'il avait des sommes
« immenses » déposées chez Laffitte, avec cette

particularité qu'elles étaient toujours à sa disposition immédiate, de telle sorte, ajoutait-on,
que M. Madeleine pourrait arriver un matin
chez Laffitte, signer un reçu et emporter ses
deux ou trois millions en dix minutes. Dans la
réalité ces « deux ou trois millions » se rédui-
saient, nous l'avons dit, à six cent trente ou
quarante mille francs.

IV

M. Madeleine en deuil

Au commencement de 1821, les journaux
annoncèrent la mort de M. Myriel, évêque de
D.—, « surnommé *monseigneur Bienvenu,* » et
trépassé en odeur de sainteté à l'âge de quatre-
vingt deux ans.

L'évêque de D. —, pour ajouter ici un détail

que les journaux omirent, était, quand il mou-
rut, depuis plusieurs années aveugle, et content
d'être aveugle, sa sœur étant près de lui.

Disons-le en passant, être aveugle et être
aimé, c'est en effet sur cette terre où rien n'est
complet, une des formes les plus étrangement
exquises du bonheur. Avoir continuellement à
ses côtés une femme, une fille, une sœur, un
être charmant, qui est là parce que vous avez
besoin d'elle et parce qu'elle ne peut se passer de
vous, se savoir indispensable à qui nous est
nécessaire, pouvoir incessamment mesurer son
affection à la quantité de présence qu'elle nous
donne, et se dire : puisqu'elle me consacre tout
son temps, c'est que j'ai tout son cœur; voir la
pensée à défaut de la figure, constater la fidé-
lité d'un être dans l'éclipse du monde, percevoir
le frôlement d'une robe comme un bruit d'ailes,
l'entendre aller et venir, sortir, rentrer, parler,
chanter, et songer qu'on est le centre de ces pas,
de cette parole, de ce chant; manifester à chaque
minute sa propre attraction, se sentir d'autant

plus puissant qu'on est plus infirme, devenir
dans l'obscurité, et par l'obscurité, l'astre autour
duquel gravite cet ange, peu de félicités égalent
celle-là. Le suprême bonheur de la vie, c'est la
conviction qu'on est aimé; aimé pour soi-même,
disons mieux, aimé malgré soi-même; cette
conviction, l'aveugle l'a. Dans cette détresse,
être servi, c'est être caressé. Lui manque-t-il
quelque chose? Non. Ce n'est point perdre la
lumière qu'avoir l'amour. Et quel amour! un
amour entièrement fait de vertu. Il n'y a point
de cécité où il y a certitude. L'âme à tâtons
cherche l'âme, et la trouve. Et cette âme trouvée
et prouvée est une femme. Une main vous sou-
tient, c'est la sienne; une bouche effleure votre
front, c'est sa bouche; vous entendez une respiration tout près de vous, c'est elle. Tout avoir
d'elle, depuis son culte jusqu'à sa pitié, n'être
jamais quitté, avoir cette douce faiblesse qui
vous secourt, s'appuyer sur ce roseau inébran-
lable, toucher de ses mains la Providence et
pouvoir la prendre dans ses bras; Dieu palpable,

quel ravissement! Le cœur, cette céleste fleur
obscure, entre dans un épanouissement mystérieux. On ne donnerait pas cette ombre pour
toute la clarté! L'âme ange est là, sans cesse là;
si elle s'éloigne, c'est pour revenir; elle s'efface
comme le rêve et reparaît comme la réalité. On
sent de la chaleur qui approche, la voilà. On
déborde de sérénité, de gaîté et d'extase; on est
un rayonnement dans la nuit. Et mille petits
soins. Des riens qui sont énormes dans ce vide.
Les plus ineffables accents de la voix féminine
employés à vous bercer, et suppléant pour vous
à l'univers évanoui. On est caressé avec de
l'âme. On ne voit rien, mais on se sent adoré.
C'est un paradis de ténèbres.

C'est de ce paradis que monseigneur Bienvenu était passé à l'autre.

L'annonce de sa mort fut reproduite par le
journal local de M.— sur M.—. Monsieur Madeleine parut le lendemain tout en noir avec
un crêpe à son chapeau.

On remarqua dans la ville ce deuil, et l'on

jasa. Cela parut une lueur sur l'origine de
M. Madeleine. On en conclut qu'il avait quelque
alliance avec le vénérable évêque. *Il drape pour
l'évêque de D.*—, dirent les salons; cela rehaussa
fort M. Madeleine, et lui donna subitement et
d'emblée une certaine considération dans le
monde noble de M.— sur M.—. Le micros-
copique faubourg Saint-Germain de l'endroit
songea à faire cesser la quarantaine de M. Madeleine, parent probable d'un évêque. M. Madeleine s'aperçut de l'avancement qu'il obtenait à
plus de révérences des vieilles femmes et à plus
de sourires des jeunes. Un soir, une doyenne
de ce petit grand monde-là, curieuse par droit
d'ancienneté, se hasarda à lui demander : —
Monsieur le maire est sans doute cousin du
feu évêque de D.—?

Il dit : Non, madame.

— Mais, reprit la douairière, vous en portez
le deuil?

Il répondit : c'est que dans ma jeunesse j'ai
été laquais dans sa famille.

Une remarque qu'on faisait encore, c'est que,
chaque fois qu'il passait dans la ville un jeune
savoyard courant le pays et cherchant des cheminées à ramoner, M. le maire le faisait appeler, lui demandait son nom, et lui donnait de
l'argent. Les petits savoyards se le disaient, et
il en passait beaucoup.

V

Vagues éclairs à l'horizon

.   .

Peu à peu, et avec le temps, toutes les oppo-
sitions étaient tombées. Il y avait eu d'abord
contre M. Madeleine, sorte de loi que subissent
toujours ceux qui s'élèvent, des noirceurs et des

calomnies, puis ce ne fut plus que des méchan-
cetés, puis ce ne fut plus que des malices, puis
cela s'évanouit tout à fait; le respect devint complet, unanime, cordial, et il arriva un moment,
vers 1821, où ce mot : monsieur le maire, fut prononcé à M.— sur M.— presque du même accent
que ce mot : monseigneur l'évêque, était prononcé à D.— en 1815. On venait de dix lieues à
la ronde consulter M. Madeleine. Il terminait
les différends, il empêchait les procès, il récon-
ciliait les ennemis. Chacun le prenait pour
juge de son bon droit. Il semblait qu'il eût pour
âme le livre de la loi naturelle. Ce fut comme
une contagion de vénération qui, en six ou
sept ans et de proche en proche, gagna tout
le pays.

Un seul homme, dans la ville et dans l'arrondissement, se déroba absolument à cette contagion, et, quoi que fît le père Madeleine, y demeura
rebelle, comme si une sorte d'instinct, incorruptible et imperturbable, l'éveillait et l'inquié-
tait. Il semblerait en effet qu'il existe dans cer-

tains hommes un véritable instinct bestial, pur
et intègre comme tout instinct, qui crée les
antipathies et les sympathies, qui sépare fatale-
ment une nature d'une autre nature, qui n'hésite
pas, qui ne se trouble, ne se tait et ne se dément jamais, clair dans son obscurité, infaillible, impérieux, réfractaire à tous les conseils de
l'intelligence et à tous les dissolvants de la raison, et qui, de quelque façon que les destinées
soient faites, avertit secrètement l'homme-chien
de la présence de l'homme-chat, et l'homme-
renard de la présence de l'homme-lion.

Souvent, quand M. Madeleine passait dans
une rue, calme, affectueux, entouré des bénédictions de tous, il arrivait qu'un homme de
haute taille vêtu d'une redingote gris de fer,
armé d'une grosse canne et coiffé d'un chapeau
rabattu, se retournait brusquement derrière lui,
et le suivait des yeux jusqu'à ce qu'il eût disparu, croisant les bras, secouant lentement la
tête, et haussant sa lèvre supérieure avec sa
lèvre inférieure jusqu'à son nez, sorte de gri-

mace significative qui pourrait se traduire par :
—Mais qu'est-ce que c'est que cet homme-là?—
Pour sûr je l'ai vu quelque part. — En tout cas,
je ne suis toujours pas sa dupe.

Ce personnage, grave d'une gravité presque
menaçante, était de ceux qui, même rapidement
entrevus, préoccupent l'observateur.

Il se nommait Javert, et il était de la police.

Il remplissait à M.— sur M.— les fonctions
pénibles, mais utiles, d'inspecteur. Il n'avait pas
vu les commencements de Madeleine. Javert
devait le poste qu'il occupait à la protection de
M. Chabouillet, le secrétaire du ministre d'État
comte Anglès, alors préfet de police à Paris.
Quand Javert était arrivé à M.— sur M.—, la
fortune du grand manufacturier était déjà faite,
et le père Madeleine était devenu monsieur
Madeleine.

Certains officiers de police ont une physionomie à part et qui se complique d'un air de bassesse mêlé à un air d'autorité. Javert avait cette
physionomie, moins la bassesse.

Dans notre conviction, si les âmes étaient visibles aux yeux, on verrait distinctement cette chose étrange que chacun des individus de l'espèce humaine correspond à quelqu'une des espèces de la création animale; et l'on pourrait reconnaître aisément cette vérité à peine entrevue par le penseur, que, depuis l'huître jusqu'à l'aigle, depuis le porc jusqu'au tigre, tous les animaux sont dans l'homme et que chacun d'eux est dans un homme. Quelquefois même plusieurs d'entre eux à la fois.

Les animaux ne sont autre chose que les figures de nos vertus et de nos vices, errantes devant nos yeux, les fantômes visibles de nos âmes. Dieu nous les montre pour nous faire réfléchir. Seulement, comme les animaux ne sont que des ombres, Dieu ne les a point faits éducables dans le sens complet du mot; à quoi bon? au contraire, nos âmes étant des réalités et ayant une fin qui leur est propre, Dieu leur a donné l'intelligence, c'est à dire l'éducation possible. L'éducation sociale bien faite peut toujours tirer d'une âme, quelle qu'elle soit, l'utilité qu'elle contient.

Ceci soit dit, bien entendu, au point de vue restreint de la vie terrestre apparente, et sans préjuger la question profonde de la personnalité antérieure ou ultérieure des êtres qui ne sont pas l'homme. Le moi visible n'autorise en aucune façon le penseur à nier le moi latent. Cette réserve faite, passons.

Maintenant, si l'on admet un moment avec nous que dans tout homme il y a une des espèces animales de la création, il nous sera facile de dire ce que c'était que l'officier de paix Javert.

Les paysans asturiens sont convaincus que dans toute portée de louve il y a un chien, lequel est tué par la mère, sans quoi en grandissant il dévorerait les autres petits.

Donnez une face humaine à ce chien fils d'une louve, et ce sera Javert.

Javert était né dans une prison d'une tireuse de cartes dont le mari était aux galères. En grandissant il pensa qu'il était en dehors de la

société et désespéra d'y rentrer jamais. Il remarqua que la société maintient irrémissiblement
en dehors d'elle deux classes d'hommes, ceux
qui l'attaquent et ceux qui la gardent; il n'avait
le choix qu'entre ces deux classes; en même
temps il se sentait je ne sais quel fond de rigi-
dité, de régularité et de probité, compliqué
d'une inexprimable haine pour cette race de
bohèmes dont il était. Il entra dans la police. Il
y réussit. A quarante ans il était inspecteur.

Il avait dans sa jeunesse été employé dans les
chiourmes du midi.

Avant d'aller plus loin, entendons-nous sur
ce mot face humaine que nous appliquions tout
à l'heure à Javert.

La face humaine de Javert consistait en un
nez camard, avec deux profondes narines vers
lesquelles montaient sur ses deux joues d'énormes favoris. On se sentait mal à l'aise la première fois qu'on voyait ces deux forêts et ces
deux cavernes. Quand Javert riait, ce qui était
rare et terrible, ses lèvres minces s'écartaient,

et laissaient voir, non seulement ses dents, mais
ses gencives, et il se faisait autour de son nez
un plissement épaté et sauvage comme sur un
mufle de bête fauve. Javert sérieux était un
dogue; lorsqu'il riait, c'était un tigre. Du reste,
peu de crâne, beaucoup de mâchoire; les cheveux cachant le front et tombant sur les sourcils, entre les deux yeux un froncement central
permanent comme une étoile de colère, le regard obscur, la bouche pincée et redoutable,
l'air du commandement féroce.

Cet homme était composé de deux sentiments
très simples et relativement très bons, mais qu'il
faisait presque mauvais à force de les exagérer;
le respect de l'autorité, la haine de la rébellion;
et à ses yeux le vol, le meurtre, tous les crimes,
n'étaient que des formes de la rébellion. Il enveloppait dans une sorte de foi aveugle et profonde tout ce qui a une fonction dans l'État,
depuis le premier ministre jusqu'au garde-cham-
pêtre. Il couvrait de mépris, d'aversion et de
dégoût tout ce qui avait franchi une fois le seuil

légal du mal. Il était absolu et n'admettait pas
d'exceptions. D'une part il disait : — le fonction-
naire ne peut se tromper; le magistrat n'a jamais
tort. — D'autre part il disait : — Ceux-ci sont
irrémédiablement perdus. Rien de bon n'en peut
sortir. — Il partageait pleinement l'opinion de
ces esprits extrêmes qui attribuent à la loi
humaine je ne sais quel pouvoir de faire ou,
si l'on veut, de constater des démons, et qui
mettent un Styx au bas de la société. Il était
stoïque, sérieux, austère; rêveur triste; humble
et hautain comme les fanatiques. Son regard
était une vrille, cela était froid et cela per-
çait. Toute sa vie tenait dans ces deux mots :
veiller et surveiller. Il avait introduit la ligne
droite dans ce qu'il y a de plus tortueux au
monde; il avait la conscience de son utilité,
la religion de ses fonctions, et il était espion
comme on est prêtre. Malheur à qui tombait
sous sa main! Il eût arrêté son père s'évadant
du bagne et dénoncé sa mère en rupture de
ban. Et il l'eût fait avec cette sorte de satisfac-

tion intérieure que donne la vertu. Avec cela
une vie de privations, l'isolement, l'abnégation,
la chasteté, jamais une distraction. C'était le
devoir implacable, la police comprise comme
les Spartiates comprenaient Sparte, un guet
impitoyable, une honnêteté farouche, un mouchard marmoréen, Brutus dans Vidocq.

Toute la personne de Javert exprimait l'homme
qui épie et qui se dérobe. L'école mystique
de Joseph de Maistre, laquelle à cette époque
assaisonnait de haute cosmogonie ce qu'on
appelait les journaux ultras, n'eût pas manqué de dire que Javert était un symbole. On
ne voyait pas son front qui disparaissait sous
son chapeau, on ne voyait pas ses yeux qui se
perdaient sous ses sourcils, on ne voyait pas
son menton qui plongeait dans sa cravate, on
ne voyait pas ses mains qui rentraient dans
ses manches, on ne voyait pas sa canne qu'il
portait sous sa redingote. Mais l'occasion
venue, on voyait tout à coup sortir de toute
cette ombre, comme d'une embuscade, un front

anguleux et étroit, un regard funeste, un menton menaçant, des mains énormes et un gourdin monstrueux.

A ses moments de loisir, qui étaient peu fréquents, tout en haïssant les livres, il lisait; ce qui fait qu'il n'était pas complétement illettré. Cela se reconnaissait à quelque emphase dans la parole.

Il n'avait aucun vice, nous l'avons dit. Quand il était content de lui, il s'accordait une prise de tabac. Il tenait à l'humanité par là.

On comprendra sans peine que Javert était l'effroi de toute cette classe que la statistique annuelle du ministère de la justice désigne sous la rubrique : *Gens sans aveu.* Le nom de Javert prononcé les mettait en déroute; la face de Javert apparaissant les pétrifiait.

Tel était cet homme formidable.

Javert était comme un œil toujours fixé sur M. Madeleine. Œil plein de soupçon et de conjectures. M. Madeleine avait fini par s'en apercevoir, mais il sembla que cela fût insignifiant

pour lui. Il ne fit pas même une question à
Javert, il ne le cherchait ni ne l'évitait, il portait, sans paraître y faire attention, ce regard
gênant et presque pesant. Il traitait Javert
comme tout le monde, avec aisance et bonté.

A quelques paroles échappées à Javert, on
devinait qu'il avait recherché secrètement, avec
cette curiosité qui tient à la race et où il entre
autant d'instinct que de volonté, toutes les traces
antérieures que le père Madeleine avait pu laisser ailleurs. Il paraissait savoir, et il disait parfois à mots couverts, que quelqu'un avait pris
certaines informations dans un certain pays sur
une certaine famille disparue. Une fois il lui
arriva de dire, se parlant à lui-même : — Je
crois que je le tiens! — Puis il resta trois jours
pensif sans prononcer une parole. Il paraît que
le fil qu'il croyait tenir s'était rompu.

Du reste, et ceci est le correctif nécessaire à
ce que le sens de certains mots pourrait présenter de trop absolu, il ne peut y avoir rien de
vraiment infaillible dans une créature humaine,

et le propre de l'instinct est précisément de pouvoir être troublé, dépisté et dérouté. Sans quoi
il serait supérieur à l'intelligence, et la bête
se trouverait avoir une meilleure lumière que
l'homme.

Javert était évidemment quelque peu décon-
certé par le complet naturel et la tranquillité de
M. Madeleine.

Un jour pourtant son étrange manière parut
faire impression sur M. Madeleine. Voici à
quelle occasion.

VI

Le père Fauchelevent

M. Madeleine passait un matin dans une ruelle non pavée de M.— sur M.—; il entendit du bruit et vit un groupe à quelque distance. Il y alla. Un vieux homme, nommé le père Fauchelevent, venait de tomber sous sa charrette dont le cheval s'était abattu.

Ce Fauchelevent était un des rares ennemis qu'eût encore M. Madeleine à cette époque. Lorsque Madeleine était arrivé dans le pays, Fauchelevent, ancien tabellion et paysan presque lettré, avait un commerce qui commençait à aller mal. Fauchelevent avait vu ce simple ouvrier qui s'enrichissait, tandis que lui, maître, se ruinait. Cela l'avait rempli de jalousie, et il avait fait ce qu'il avait pu en toute occasion pour nuire à Madeleine. Puis la faillite était venue, et, vieux, n'ayant plus à lui qu'une charrette et un cheval, sans famille et sans enfants du reste, pour vivre il s'était fait charretier.

Le cheval avait les deux cuisses cassées et ne pouvait se relever. Le vieillard était engagé entre les roues. La chute avait été tellement malheureuse que toute la voiture pesait sur sa poitrine. La charrette était assez lourdement chargée. Le père Fauchelevent poussait des râles lamentables. On avait essayé de le tirer, mais

en vain. Un effort désordonné, une aide mala-
droite, une secousse à faux pouvaient l'achever.
Il était impossible de le dégager autrement qu'en
soulevant la voiture par dessous. Javert, qui
était survenu au moment de l'accident, avait
envoyé chercher un cric.

M. Madeleine arriva. On s'écarta avec respect.

— A l'aide! criait le vieux Fauchelevent. Qui
est-ce qui est bon enfant pour sauver le vieux?

M. Madeleine se tourna vers les assistants :

— A-t-on un cric?

— On en est allé quérir un, répondit un paysan.

— Dans combien de temps l'aura-t-on?

— On est allé au plus près, au lieu Flachot,
où il y a un maréchal; mais c'est égal, il faudra
bien un bon quart d'heure.

— Un quart d'heure! s'écria Madeleine.

Il avait plu la veille, le sol était détrempé, la
charrette s'enfonçait dans la terre à chaque
instant et comprimait de plus en plus la poitrine du vieux charretier. Il était évident

qu'avant cinq minutes il aurait les côtes brisées.

— Il est impossible d'attendre un quart
d'heure, dit Madeleine aux paysans qui regardaient.

— Il faut bien!

— Mais il ne sera plus temps! Vous ne voyez
donc pas que la charrette s'enfonce?

— Dame!

— Écoutez, reprit Madeleine, il y a encore
assez de place sous la voiture pour qu'un homme
s'y glisse et la soulève avec son dos. Rien qu'une
demi-minute, et l'on tirera le pauvre homme. Y
a-t-il ici quelqu'un qui ait des reins et du cœur?
Cinq louis d'or à gagner!

Personne ne bougea dans le groupe.

— Dix louis, dit Madeleine.

Les assistants baissaient les yeux. Un d'eux
murmura : — Il faudrait être diablement fort.
Et puis on risque de se faire écraser!

— Allons! recommença Madeleine , vingt
louis!

Même silence.

— Ce n'est pas la bonne volonté qui leur manque, dit une voix.

M. Madeleine se retourna, et reconnut Javert. Il ne l'avait pas aperçu en arrivant.

Javert continua :

— C'est la force. Il faudrait être un terrible homme pour faire la chose de lever une voiture comme cela sur son dos.

Puis, regardant fixement M. Madeleine, il poursuivit en appuyant sur chacun des mots qu'il prononçait :

— Monsieur Madeleine, je n'ai jamais connu qu'un seul homme capable de faire ce que vous demandez là.

Madeleine tressaillit.

Javert ajouta avec un air d'indifférence, mais sans quitter des yeux Madeleine :

— C'était un forçat.

— Ah ! dit Madeleine.

— Du bagne de Toulon.

Madeleine devint pâle.

Cependant la charrette continuait à s'enfoncer lentement. Le père Fauchelevent râlait et hurlait :

— J'étouffe! Ça me brise les côtes! un cric! quelque chose! ah!

Madeleine regarda autour de lui :

— Il n'y a donc personne qui veuille gagner vingt louis et sauver la vie à ce pauvre vieux?

Aucun des assistants ne remua. Javert reprit :

— Je n'ai jamais connu qu'un homme qui pût remplacer un cric, c'était ce forçat.

—Ah! voilà que ça m'écrase! cria le vieillard.

Madeleine leva la téte, rencontra l'œil de faucon de Javert toujours attaché sur lui, regarda les paysans immobiles, et sourit tristement. Puis, sans dire une parole, il tomba à genoux, et avant même que la foule eût eu le temps de jeter un cri, il était sous la voiture.

Il y eut un affreux moment d'attente et de silence.

On vit Madeleine presque à plat ventre sous ce poids effrayant essayer deux fois en vain de

rapprocher ses coudes de ses genoux. On lui
cria : — Père Madeleine ! retirez-vous de là ! —
Le vieux Fauchelevent lui-même lui dit : — Monsieur Madeleine ! allez-vous-en ! C'est qu'il faut
que je meure, voyez-vous ! laissez-moi ! Vous
allez vous faire écraser aussi ! — Madeleine ne
répondit pas.

Les assistants haletaient. Les roues avaient
continué de s'enfoncer, et il était déjà devenu
presque impossible que Madeleine sortît de dessous la voiture.

Tout à coup on vit l'énorme masse s'ébranler,
la charrette se soulevait lentement, les roues
sortaient à demi de l'ornière. On entendit une
voix étouffée qui criait : dépêchez-vous ! aidez !
C'était Madeleine qui venait de faire un dernier
effort.

Ils se précipitèrent. Le dévouement d'un seul
avait donné de la force et du courage à tous. La
charrette fut enlevée par vingt bras. Le vieux
Fauchelevent était sauvé.

Madeleine se releva. Il était blême. quoique

ruisselant de sueur. Ses habits étaient déchirés
et couverts de boue. Tous pleuraient, le vieillard lui baisait les genoux et l'appelait le bon
Dieu. Lui, il avait sur le visage je ne sais quelle
expression de souffrance heureuse et céleste, et
il fixait son œil tranquille sur Javert qui le
regardait toujours.

VII

Fauchelevent devient jardinier à Paris

Fauchelevent s'était démis la rotule dans sa
chute. Le père Madeleine le fit transporter dans
une infirmerie qu'il avait établie pour ses ouvriers dans le bâtiment même de sa fabrique et

qui était desservie par deux sœurs de charité. Le lendemain matin, le vieillard trouva un billet de mille francs sur sa table de nuit, avec ce mot de la main du père Madeleine : *Je vous achète votre charrette et votre cheval*. La charrette était brisée et le cheval était mort. Fauchelevent guérit, mais son genou resta ankylosé. M. Madeleine, par les recommandations des sœurs et de son curé, fit placer le bonhomme comme jardinier dans un couvent de femmes du quartier Saint-Antoine à Paris.

Quelque temps après, M. Madeleine fut nommé maire. La première fois que Javert vit M. Madeleine revêtu de l'écharpe qui lui donnait toute autorité sur la ville, il éprouva cette sorte de frémissement qu'éprouverait un dogue qui flairerait un loup sous les habits de son maître. A partir de ce moment, il l'évita le plus qu'il put. Quand les besoins du service l'exigeaient impérieusement et qu'il ne pouvait faire autrement que de se trouver avec M. le maire, il lui parlait avec un respect profond.

Cette prospérité créée à M.— sur M.— par le
père Madeleine, avait, outre les signes visibles
que nous avons indiqués, un autre symptôme qui,
pour n'être pas visible, n'était pas moins signi-
ficatif. Ceci ne trompe jamais. Quand la population souffre, quand le travail manque, quand
le commerce est nul, le contribuable résiste à
l'impôt par pénurie, épuise et dépasse les délais,
et l'État dépense beaucoup d'argent en frais
de contrainte et de rentrée. Quand le travail
abonde, quand le pays est heureux et riche,
l'impôt se paie aisément et coûte peu à l'État.
On peut dire que la misère et la richesse publique
ont un thermomètre infaillible, les frais de perception de l'impôt. En sept ans, les frais de
perception de l'impôt s'étaient réduits des trois
quarts dans l'arrondissement de M.— sur M.—,
ce qui faisait fréquemment citer cet arrondissement 'entre tous par M. de Villèle, alors ministre des finances.

Telle était la situation du pays, lorsque Fantine y revint. Personne ne se souvenait plus

d'elle. Heureusement la porte de la fabrique de M. Madeleine était comme un visage ami. Elle s'y présenta, et fut admise dans l'atelier des femmes. Le métier était tout nouveau pour Fantine, elle n'y pouvait être bien adroite, elle ne tirait donc de sa journée de travail que peu de chose; mais enfin cela suffisait, le problème était résolu; elle gagnait sa vie.

VIII

Madame Victurnien dépense trente francs pour la morale

Quand Fantine vit qu'elle vivait, elle eut un moment de joie. Vivre honnêtement de son travail, quelle grâce du ciel! Le goût du travail lui revint vraiment. Elle acheta un miroir, se ré-

jouit d'y regarder sa jeunesse, ses beaux cheveux et ses belles dents, oublia beaucoup de
choses, ne songea plus qu'à sa Cosette et à l'avenir possible, et fut presque heureuse. Elle loua
une petite chambre et la meubla à crédit sur
son travail futur ; reste de ses habitudes de
désordre.

Ne pouvant pas dire qu'elle était mariée, elle
s'était bien gardée, comme nous l'avons déjà fait
entrevoir, de parler de sa petite fille.

En ces commencements, on l'a vu, elle payait
exactement les Thénardier. Comme elle ne savait que signer, elle était obligée de leur écrire
par un écrivain public.

Elle écrivait souvent, cela fut remarqué. On
commença à dire tout bas dans l'atelier des
femmes que Fantine « écrivait des lettres » et
que « elle avait des allures. »

Il n'y a rien de tel pour épier les actions des
gens que ceux qu'elles ne regardent pas.—Pourquoi ce monsieur ne vient-il jamais qu'à la
brune? pourquoi monsieur un tel n'accroche-

t-il jamais sa clef au clou le jeudi? pourquoi
prend-il toujours les petites rues? pourquoi madame descend-elle toujours de son fiacre avant
d'arriver à la maison? pourquoi envoie-t-elle
acheter un cahier de papier à lettres, quand elle
en a « plein sa papeterie? » etc., etc. — Il existe
des êtres qui, pour connaître le mot de ces
énigmes, lesquelles leur sont du reste parfaitement indifférentes, dépensent plus d'argent, pro-
diguent plus de temps, se donnent plus de peine
qu'il n'en faudrait pour dix bonnes actions; et
cela gratuitement, pour le plaisir, sans être payé
de la curiosité autrement que par la curiosité.
Ils suivront celui-ci ou celle-là des jours entiers,
feront faction des heures à des coins de rue,
sous des portes d'allées, la nuit, par le froid et
par la pluie, corrompront des commission-
naires, griseront des cochers de fiacre et des
laquais, achèteront une femme de chambre, feront acquisition d'un portier. Pourquoi? pour
rien. Pur acharnement de voir, de savoir et de
pénétrer. Pure démangeaison de dire. Et sou-

vent ces secrets connus, ces mystères publiés,
ces énigmes éclairées du grand jour, entraînent
des catastrophes, des duels, des faillites, des
familles ruinées, des existences brisées, à la
grande joie de ceux qui ont « tout découvert »
sans intérêt et par pur instinct. Chose triste.

Certaines personnes sont méchantes uniquement par besoin de parler. Leur conversation,
causerie dans le salon, bavardage dans l'antichambre, est comme ces cheminées qui usent
vite le bois ; il leur faut beaucoup de combustible ; et le combustible, c'est le prochain.

On observa donc Fantine.

Avec cela, plus d'une était jalouse de ses cheveux blonds et de ses dents blanches.

On constata que dans l'atelier, au milieu des
autres, elle se détournait souvent pour essuyer
une larme. C'était les moments où elle songeait
à son enfant ; peut-être aussi à l'homme qu'elle
avait aimé.

C'est un douloureux labeur que la rupture des
sombres attaches du passé.

On constata qu'elle écrivait, au moins deux fois par mois, toujours à la même adresse, et qu'elle affranchissait la lettre. On parvint à se procurer l'adresse : *Monsieur, Monsieur Thénardier, aubergiste, à Montfermeil.* On fit jaser au cabaret l'écrivain public, vieux bonhomme qui ne pouvait pas emplir son estomac de vin rouge sans vider sa poche aux secrets. Bref, on sut que Fantine avait un enfant. « Ce devait être une espèce de fille. » Il se trouva une commère qui fit le voyage de Montfermeil, parla aux Thénardier, et dit à son retour : pour mes trente-cinq francs, j'en ai eu le cœur net. J'ai vu l'enfant!

La commère qui fit cela était une gorgone appelée madame Victurnien, gardienne et portière de la vertu de tout le monde. Madame Victurnien avait cinquante-six ans, et doublait le masque de la laideur du masque de la vieillesse. Voix chevrotante, esprit capricant. Cette vieille femme avait été jeune, chose étonnante. Dans sa jeunesse, en plein 93, elle avait épousé un

moine échappé du cloître en bonnet rouge et
passé des Bernardins aux Jacobins. Elle était
sèche, rêche, revêche, pointue, épineuse, presque .venimeuse ; tout en se souvenant de son
moine dont elle était veuve, et qui l'avait fort
domptée et pliée. C'était une ortie où l'on voyait
le froissement du froc. A la restauration, elle
s'était faite bigote, et si énergiquement que les
prêtres lui avaient pardonné son moine. Elle
avait un petit bien qu'elle léguait bruyamment à
une communauté religieuse. Elle était fort bien
vue à l'évêché d'Arras. Cette madame Victurnien donc alla à Montfermeil et revint en disant :
j'ai vu l'enfant.

Tout cela prit du temps ; Fantine était depuis
plus d'un an à la fabrique, lorsque un matin la
surveillante de l'atelier lui remit, de la part de
M. le maire, cinquante francs en lui disant
qu'elle ne faisait plus partie de l'atelier et en
l'engageant, de la part de M. le maire, à quitter
le pays.

C'était précisément dans ce même mois que

les Thénardier, après avoir demandé douze
francs au lieu de six, venaient d'exiger quinze
francs au lieu de douze.

Fantine fut atterrée. Elle ne pouvait s'en aller
du pays, elle devait son loyer et ses meubles.
Cinquante francs ne suffisaient pas pour acquitter cette dette. Elle balbutia quelques mots sup-
pliants. La surveillante lui signifia qu'elle eût à
sortir sur-le-champ de l'atelier. Fantine n'était
du reste qu'une ouvrière médiocre. Accablée de
honte plus encore que de désespoir, elle quitta
l'atelier et rentra dans sa chambre. Sa faute
était donc maintenant connue de tous !

Elle ne se sentit plus la force de dire un mot.
On lui conseilla de voir M. le maire ; elle n'osa
pas. Le maire lui donnait cinquante francs,
parce qu'il était bon, et la chassait, parce qu'il
était juste. Elle plia sous cet arrêt.

IX

Succès de madame Victurnien

La veuve du moine fut donc bonne à quelque chose.

Du reste, M. Madeleine n'avait rien su de tout cela. Ce sont là de ces combinaisons d'événements dont la vie est pleine. M. Madeleine avait pour habitude de n'entrer presque jamais dans l'atelier des femmes.

Il avait mis à la tête de cet atelier une vieille fille, que le curé lui avait donnée, et il avait toute confiance dans cette surveillante, personne vraiment respectable, ferme, équitable, intègre, remplie de la charité qui consiste à donner, mais n'ayant pas au même degré la charité qui consiste à comprendre et à pardonner. M. Madeleine s'en remettait de tout sur elle. Les meilleurs hommes sont souvent forcés de déléguer leur autorité. C'est dans cette pleine puissance et avec la conviction qu'elle faisait bien, que la surveillante avait instruit le procès, jugé, condamné et exécuté Fantine.

Quant aux cinquante francs, elle les avait donnés sur une somme que M. Madeleine lui confiait pour aumônes et secours aux ouvrières et dont elle ne rendait pas compte.

Fantine s'offrit comme servante dans le pays; elle alla d'une maison à l'autre. Personne ne voulut d'elle. Elle n'avait pu quitter la ville.

Le marchand fripier auquel elle devait ses meubles, quels meubles ! lui avait dit : si vous vous en allez, je vous fais arrêter comme voleuse. Le propriétaire auquel elle devait son loyer, lui avait dit : vous êtes jeune et jolie, vous pouvez payer. Elle partagea les cinquante francs entre le propriétaire et le fripier, rendit au marchand les trois quarts de son mobilier, ne garda que le nécessaire, et se trouva sans travail, sans état, n'ayant plus que son lit, et devant encore environ cent francs.

Elle se mit à coudre de grosses chemises pour les soldats de la garnison, et gagnait douze sous par jour. Sa fille lui en coûtait dix. C'est en ce moment qu'elle commença à mal payer les Thénardier.

Cependant une vieille femme qui lui allumait sa chandelle quand elle rentrait le soir, lui enseigna l'art de vivre dans la misère. Derrière vivre de peu, il y a vivre de rien. Ce sont deux chambres ; la première est obscure, la seconde est noire.

Fantine apprit comment on se passe tout
à fait de feu en hiver, comment on renonce
à un oiseau qui vous mange un liard de millet
tous les deux jours, comment on fait de son
jupon sa couverture et de sa couverture son
jupon, comment on ménage sa chandelle en
prenant son repas à la lumière de la fenêtre
d'en face. On ne sait pas tout ce que certains
êtres faibles, qui ont vieilli dans le dénûment et
l'honnêteté, savent tirer d'un sou. Cela finit par
être un talent. Fantine acquit ce sublime talent
et reprit un peu de courage.

A cette époque, elle disait à une voisine : —
Bah! je me dis : en ne dormant que cinq heures
et en travaillant tout le reste à mes coutures,
je parviendrai bien toujours à gagner à peu
près du pain. Et puis, quand on est triste, on
mange moins. Eh bien! des souffrances, des in-
quiétudes, un peu de pain d'un côté, des cha-
grins de l'autre, tout cela me nourrira.

Dans cette détresse, avoir sa petite fille eût
été un étrange bonheur. Elle songea à la faire

venir. Mais quoi! lui faire partager son dénûment! et puis, elle devait aux Thénardier!
Comment s'acquitter? et le voyage! comment le
payer?

La vieille qui lui avait donné ce qu'on pourrait appeler des leçons de vie indigente, était
une sainte fille nommée Marguerite, dévote de
la bonne dévotion, pauvre, et charitable pour les
pauvres et même pour les riches, sachant tout
juste assez écrire pour signer *Margeritte*, et
croyant en Dieu, ce qui est la science.

Il y a beaucoup de ces vertus-là en bas; un
jour elles seront en haut. Cette vie a un lendemain.

Dans les premiers temps, Fantine avait été si
honteuse qu'elle n'avait pas osé sortir.

Quand elle était dans la rue, elle devinait
qu'on se retournait derrière elle et qu'on la
montrait du doigt; tout le monde la regardait
et personne ne la saluait; le mépris âcre et
froid des passants lui pénétrait dans la chair et
dans l'âme comme une bise.

Dans les petites villes, il semble qu'une malheureuse soit nue sous le sarcasme et la curiosité de tous. A Paris, du moins, personne
ne vous connaît, et cette obscurité est un vête-
ment. Oh! comme elle eût souhaité venir à
Paris! impossible.

Il fallut bien s'accoutumer à la déconsidéra-
tion, comme elle s'était accoutumée à l'indi-
gence. Peu à peu elle en prit son parti. Après
deux ou trois mois, elle secoua la honte et se
mit à sortir comme si de rien n'était. Cela m'est
bien égal, dit-elle.

Elle alla et vint, la tête haute, avec un sourire amer, et sentit qu'elle devenait effron-
tée.

Madame Victurnien quelquefois la voyait passer de sa fenêtre, remarquait la détresse de
« cette créature, » grâce à elle « remise à sa
place, » et se félicitait. Les méchants ont un
bonheur noir.

L'excès du travail fatiguait Fantine, et la
petite toux sèche qu'elle avait, augmenta. Elle

disait quelquefois à sa voisine Marguerite : —
Tâtez donc comme mes mains sont chaudes.

Cependant le matin, quand elle peignait avec
un vieux peigne cassé ses beaux cheveux qui
ruisselaient comme de la soie floche, elle avait
une minute de coquetterie heureuse.

X

Suite du succès

Elle avait été congédiée vers la fin de l'hiver ;
l'été se passa, mais l'hiver revint. Jours courts,
moins de travail. L'hiver, point de chaleur,
point de lumière, point de midi, le soir touche

au matin, brouillard, crépuscule, la fenêtre est grise, on n'y voit pas clair. Le ciel est un soupirail. Toute la journée est une cave. Le soleil a l'air d'un pauvre. L'affreuse saison! L'hiver change en pierre l'eau du ciel et le cœur de l'homme. Ses créanciers la harcelaient.

Fantine gagnait trop peu. Ses dettes avaient grossi. Les Thénardier, mal payés, lui écrivaient à chaque instant des lettres dont le contenu la désolait et dont le port la ruinait. Un jour ils lui écrivirent que sa petite Cosette était toute nue par le froid qu'il faisait, qu'elle avait besoin d'une jupe de laine, et qu'il fallait au moins que la mère envoyât dix francs pour cela. Elle reçut la lettre, et la froissa dans ses mains tout le jour. Le soir elle entra chez un barbier qui habitait le coin de la rue, et défit son peigne. Ses admirables cheveux blonds lui tombèrent jusqu'aux reins.

— Les beaux cheveux! s'écria le barbier.

— Combien m'en donneriez-vous? dit-elle.

— Dix francs.

— Coupez-les.

Elle acheta une jupe de tricot et l'envoya aux Thénardier.

Cette jupe fit les Thénardier furieux. C'était de l'argent qu'ils voulaient. Ils donnèrent la jupe à Éponine. La pauvre Alouette continua de frissonner.

Fantine pensa : — Mon enfant n'a plus froid. Je l'ai habillée de mes cheveux. — Elle mettait de petits bonnets ronds qui cachaient sa tête tondue et avec lesquels elle était encore jolie.

Un travail ténébreux se faisait dans le cœur de Fantine.

Quand elle vit qu'elle ne pouvait plus se coiffer, elle commença à tout prendre en haine autour d'elle. Elle avait longtemps partagé la vénération de tous pour le père Madeleine ; cependant, à force de se répéter que c'était lui qui l'avait chassée, et qu'il était la cause de son malheur, elle en vint à le haïr lui aussi, lui surtout. Quand elle passait devant la fabrique aux heures où les ouvriers sont sur la porte, elle affectait de rire et de chanter.

Une vieille ouvrière qui la vit une fois chanter et rire de cette façon dit : — Voilà une fille qui finira mal.

Elle prit · un amant, le premier venu, un homme qu'elle n'aimait pas, par bravade, avec la rage dans le cœur. C'était un misérable, une espèce de musicien mendiant, un oisif gueux, qui la battait, et qui la quitta comme elle l'avait pris, avec dégoût.

Elle adorait son enfant.

Plus elle descendait, plus tout devenait sombre autour d'elle, plus ce doux petit ange rayonnait dans le fond de son âme. Elle disait : — Quand je serai riche, j'aurai ma Cosette avec moi; et elle riait. La toux ne la quittait pas, et elle avait des sueurs dans le dos.

Un jour elle reçut des Thénardier une lettre ainsi conçue : « Cosette est malade d'une mala- « die qui est dans le pays. Une fièvre miliaire, « qu'ils appellent. Il faut des drogues chères·

« Cela nous ruine et nous ne pouvons plus
« payer. Si vous ne nous envoyez pas qua-
« rante francs avant huit jours, la petite est
« morte. »

Elle se mit à rire aux éclats, et elle dit à sa
vieille voisine : — Ah! ils sont bons! quarante
francs! que ça! ça fait deux napoléons? Où veu-
lent-ils que je les prenne? Sont-ils bêtes, ces
paysans!

Cependant elle alla dans l'escalier près d'une
lucarne et relut la lettre.

Puis elle descendit l'escalier et sortit en courant et en sautant, riant toujours.

Quelqu'un qui la rencontra lui dit : — Qu'est-
ce que vous avez donc à être si gaie?

Elle répondit : — C'est une bonne bêtise que
viennent de m'écrire des gens de la campagne.
Ils me demandent quarante francs. Paysans, va!

Comme elle passait sur la place, elle vit beaucoup de monde qui entourait une voiture de
forme bizarre, sur l'impériale de laquelle péro-
rait tout debout un homme vêtu de rouge.

C'était un bateleur dentiste en tournée, qui offrait au public des rateliers complets, des opiats, des poudres et des élixirs.

Fantine se mêla au groupe et se mit à rire comme les autres de cette harangue où il y avait de l'argot pour la canaille et du jargon pour les gens comme il faut. L'arracheur de dents vit cette belle fille qui riait, et s'écria tout à coup :
— Vous avez de jolies dents, la fille qui riez là. Si vous voulez me vendre vos deux palettes, je vous donne de chaque un napoléon d'or.

— Qu'est-ce que c'est que ça, mes palettes ? demanda Fantine.

— Les palettes, reprit le professeur dentiste, c'est les dents de devant, les deux d'en haut.

— Quelle horreur ! s'écria Fantine.

— Deux napoléons ! grommela une vieille édentée qui était là. Qu'en voilà une qui est heureuse !

Fantine s'enfuit et se boucha les oreilles pour ne pas entendre la voix enrouée de l'homme qui lui criait : — Réfléchissez, la belle ! deux napo-

léons, ça peut servir. Si le cœur vous en dit,
venez ce soir à l'auberge du *Tillac d'argent*, vous
m'y trouverez.

Fantine rentra, elle était furieuse et conta la
chose à sa bonne voisine Marguerite : — Com-
prenez-vous cela? ne voilà-t-il pas un abominable homme? comment laisse-t-on des gens
comme cela aller dans le pays! m'arracher mes
deux dents de devant! mais je serais horrible!
les cheveux repoussent, mais les dents! Ah! le
monstre d'homme! j'aimerais mieux me jeter
d'un cinquième la tête la première sur le pavé!
Il m'a dit qu'il serait ce soir au *Tillac d'argent*.

— Et qu'est-ce qu'il offrait? demanda Marguerite.

— Deux napoléons.

— Cela fait quarante francs.

— Oui, dit Fantine, cela fait quarante francs.

Elle resta pensive, et se mit à son ouvrage.
Au bout d'un quart d'heure, elle quitta sa cou-
ture et alla relire la lettre des Thénardier sur
l'escalier.

En rentrant, elle dit à Marguerite qui travaillait près d'elle :

— Qu'est-ce que c'est donc que cela? une fièvre miliaire? Savez-vous?

— Oui, répondit la vieille fille, c'est une maladie.

— Ça a donc besoin de beaucoup de drogues?

— Oh! des drogues terribles.

— Où ça vous prend-il?

— C'est une maladie qu'on a comme ça.

— Cela attaque donc les enfants?

— Surtout les enfants.

— Est-ce qu'on en meurt?

— Très bien, dit Marguerite.

Fantine sortit et alla encore une fois relire la lettre sur l'escalier.

Le soir elle descendit, et on la vit qui se dirigeait du côté de la rue de Paris où sont les auberges.

Le lendemain matin, comme Marguerite entrait dans la chambre de Fantine avant le jour, car elles travaillaient toujours ensemble et de

cette façon n'allumaient qu'une chandelle pour
deux, elle trouva Fantine assise sur son lit,
pâle, glacée. Elle ne s'était pas couchée. Son
bonnet était tombé sur ses genoux. La chandelle
avait brûlé toute la nuit et était presque entièrement consumée.

Marguerite s'arrêta sur le seuil, pétrifiée de
cet énorme désordre, et s'écria :

— Seigneur! la chandelle qui est toute brûlée! il s'est passé des événements.

Puis elle regarda Fantine qui tournait vers
elle sa tête sans cheveux.

Fantine depuis la veille avait vieilli de dix ans.

— Jésus! fit Marguerite, qu'est-ce que vous
avez, Fantine?

— Je n'ai rien, répondit Fantine. Au contraire.
Mon enfant ne mourra pas de cette affreuse maladie, faute de secours. Je suis contente.

En parlant ainsi, elle montrait à la vieille
fille deux napoléons qui brillaient sur la table.

— Ah, Jésus Dieu! dit Marguerite. Mais c'est
une fortune? où avez-vous eu ces louis d'or?

— Je les ai eus, répondit Fantine.

En même temps elle sourit. La chandelle éclairait son visage. C'était un sourire sanglant. Une salive rougeâtre lui souillait le coin des lèvres, et elle avait un trou noir dans la bouche.

Les deux dents étaient arrachées.

Elle envoya les quarante francs à Montfermeil.

Du reste c'était une ruse des Thénardier pour avoir de l'argent. Cosette n'était pas malade.

Fantine jeta son miroir par la fenêtre. Depuis longtemps elle avait quitté sa cellule du second pour une mansarde fermée d'un loquet sous le toit ; un de ces galetas dont le plafond fait angle avec le plancher et vous heurte à chaque instant la tête. Le pauvre ne peut aller au fond de sa chambre comme au fond de sa destinée qu'en se courbant de plus en plus. Elle n'avait plus de lit, il lui restait une loque qu'elle appelait sa couverture, un matelas à terre et une chaise dépaillée. Un petit rosier qu'elle avait s'était desséché dans un coin, oublié. Dans

l'autre coin, il y avait un pot à beurre à mettre
l'eau, qui gelait l'hiver, et où les différents ni-
veaux de l'eau restaient longtemps marqués par
des cercles de glace. Elle avait perdu la honte,
elle perdit la coquetterie. Dernier signe. Elle
sortait avec des bonnets sales. Soit faute de
temps, soit indifférence, elle ne raccommodait
plus son linge. A mesure que les talons s'usaient,
elle tirait ses bas dans ses souliers. Cela se
voyait à de certains plis perpendiculaires. Elle
rapiéçait son corset, vieux et usé, avec des morceaux de calicot qui se déchiraient au moindre
mouvement. Les gens auxquels elle devait, lui
faisaient « des scènes, » et ne lui laissaient aucun repos. Elle les trouvait dans la rue, elle les
retrouvait dans son escalier. Elle passait des
nuits à pleurer et à songer. Elle avait les yeux
très brillants, et elle sentait une douleur fixe
dans l'épaule vers le haut de l'omoplate gauche.
Elle toussait beaucoup. Elle haïssait profondément le père Madeleine, et ne se plaignait pas.
Elle cousait dix-sept heures par jour; mais un

entrepreneur du travail des prisons qui faisait
travailler les prisonnières au rabais, fit tout à
coup baisser les prix, ce qui réduisit la journée
des ouvrières libres à neuf sous. Dix-sept heures
de travail, et neuf sous par jour! Ses créanciers
étaient plus impitoyables que jamais. Le fripier,
qui avait repris presque tous les meubles, lui
disait sans cesse : quand me paieras-tu, coquine?
Que voulait-on d'elle, bon Dieu! Elle se sentait
traquée et il se développait en elle quelque chose
de la bête farouche. Vers le même temps, le
Thénardier lui écrivit que décidément il avait
attendu avec beaucoup trop de bonté, et qu'il
lui fallait cent francs, tout de suite, sinon, qu'il
mettrait à la porte la petite Cosette, toute conva-
lescente de sa grande maladie, par le froid, par
les chemins, et qu'elle deviendrait ce qu'elle
pourrait, et qu'elle crèverait, si elle voulait. —
Cent francs, songea Fantine. Mais où y a-t-il
un état à gagner cent sous par jour?

— Allons! dit-elle, vendons le reste.

L'infortunée se fit fille publique.

XI

Christus nos liberavit

Qu'est-ce que c'est que cette histoire de Fan-
tine? C'est la société achetant une esclave.
A qui? A la misère.
A la faim, au froid, à l'isolement, à l'abandon,

au dénûment. Marché douloureux. Une âme
pour un morceau de pain. La misère offre, la
société accepte.

La sainte loi de Jésus-Christ gouverne notre
civilisation, mais elle ne la pénètre pas encore;
on dit que l'esclavage a disparu de la civilisation
européenne. C'est une erreur. Il existe toujours;
mais il ne pèse plus que sur la femme, et il s'appelle prostitution.

Il pèse sur la femme, c'est à dire sur la grâce,
sur la faiblesse, sur la beauté, sur la maternité.
Ceci n'est pas une des moindres hontes de
l'homme.

Au point de ce douloureux drame où nous
sommes arrivés, il ne reste plus rien à Fantine
de ce qu'elle a été autrefois. Elle est devenue
marbre en devenant boue. Qui la touche a froid.
Elle passe, elle vous subit et elle vous ignore;
elle est la figure déshonorée et sévère. La vie
et l'ordre social lui ont dit leur dernier mot. Il
lui est arrivé tout ce qui lui arrivera. Elle a
tout ressenti, tout supporté, tout éprouvé, tout

souffert, tout perdu, tout pleuré. Elle est rési-
gnée de cette résignation qui ressemble à l'indifférence comme la mort ressemble au sommeil. Elle n'évite plus rien. Elle ne craint plus
rien. Tombe sur elle toute la nuée et passe sur
elle tout l'océan! Que lui importe! c'est une
éponge imbibée.

Elle le croit du moins. Mais c'est une erreur
de s'imaginer qu'on épuise le sort et qu'on touche le fond de quoi que ce soit.

Hélas! qu'est-ce que toutes ces destinées ainsi
poussées pêle-mêle? où vont-elles? pourquoi
sont-elles ainsi?

Celui qui sait cela voit toute l'ombre.

Il est seul. Il s'appelle Dieu.

XII

Le désœuvrement de M. Bamatabois

Il y a dans toutes les petites villes, et il y
avait à M.— sur M.— en particulier, une classe
de jeunes gens qui grignotent quinze cents livres
de rentes en province du même air dont leurs

pareils dévorent à Paris deux cent mille francs
par an. Ce sont des êtres de la grande espèce
neutre; hongres, parasites, nuls, qui ont un peu
de terre, un peu de sottise et un peu d'esprit, qui
seraient des rustres dans un salon et se croient
des gentilshommes au cabaret, qui disent : mes
prés, mes bois, mes paysans, sifflent les actrices
du théâtre pour prouver qu'ils sont gens de
goût, querellent les officiers de la garnison pour
montrer qu'ils sont gens de guerre, chassent,
fument, bâillent, boivent, sentent le tabac,
jouent au billard, regardent les voyageurs descendre de diligence, vivent au café, dînent à
l'auberge, ont un chien qui mange les os sous
la table et une maîtresse qui pose les plats dessus, tiennent à un sou, exagèrent les modes,
admirent la tragédie, méprisent les femmes,
usent leurs vieilles bottes, copient Londres à
travers Paris et Paris à travers Pont-à-Mous-
son, vieillissent hébétés, ne travaillent pas, ne
servent à rien et ne nuisent pas à grand'-
chose.

M. Félix Tholomyès resté dans sa province et n'ayant jamais vu Paris, serait un de ces hommes-là.

S'ils étaient plus riches, on dirait : ce sont des élégants; s'ils étaient plus pauvres, on dirait : ce sont des fainéants. Ce sont tout simplement des désœuvrés. Parmi ces désœuvrés, il y a des ennuyeux, des ennuyés, des rêvasseurs, et quelques drôles.

Dans ce temps là, un élégant se composait d'un grand col, d'une grande cravate, d'une montre à breloques, de trois gilets superposés de couleurs différentes, le bleu et le rouge en dedans, d'un habit couleur olive à taille courte, à queue de morue, à double rangée de boutons d'argent serrés les uns contre les autres et montant jusque sur l'épaule, et d'un pantalon olive plus clair, orné sur les deux coutures d'un nombre de côtes indéterminé, mais toujours impair, variant de une à onze, limite qui n'était jamais franchie. Ajoutez à cela des souliers-bottes avec de petits fers au talon, un chapeau à

haute forme et à bords étroits, des cheveux en
touffe, une énorme canne, et une conversation
rehaussée des calembours de Potier. Sur le tout
des éperons et des moustaches. A cette époque,
des moustaches voulaient dire bourgeois et des
éperons voulaient dire piéton.

L'élégant de province portait les éperons plus
longs et les moustaches plus farouches.

C'était le temps de la lutte des républiques de
l'Amérique méridionale contre le roi d'Espagne,
de Bolivar contre Morillo. Les chapeaux à petits
bords étaient royalistes et se nommaient des
morillos; les libéraux portaient des chapeaux à
larges bords qui s'appelaient des bolivars.

Huit ou dix mois donc après ce qui a été
raconté dans les pages précédentes, vers les
premiers jours de janvier 1823, un soir qu'il
avait neigé, un de ces élégants, un de ces
désœuvrés, un « bien pensant, » car il avait un
morillo, de plus chaudement enveloppé d'un de
ces grands manteaux qui complétaient dans les
temps froids le costume à la mode, se diver-

tissait à harceler une créature qui rôdait en
robe de bal et toute décolletée avec des fleurs
sur la tête devant la vitre du café des officiers.
Cet élégant fumait, car c'était décidément la
mode.

Chaque fois que cette femme passait devant
lui, il lui jetait, avec une bouffée de la fumée de
son cigare, quelque apostrophe qu'il croyait
spirituelle et gaie, comme : — Que tu es laide !
— Veux-tu te cacher ! — Tu n'as pas de
dents ! etc., etc., — ce monsieur s'appelait monsieur Bamatabois. La femme, triste spectre
paré qui allait et venait sur la neige, ne lui
répondait pas, ne le regardait même pas, et n'en
accomplissait pas moins en silence et avec une régularité sombre sa promenade qui la ramenait de
cinq minutes en cinq minutes sous le sarcasme,
comme le soldat condamné qui revient sous les
verges. Ce peu d'effet piqua sans doute l'oisif
qui, profitant d'un moment où elle se retournait,
s'avança derrière elle à pas de loup et en étouf-
fant son rire, se baissa, prit sur le pavé une poi-

gnée de neige et la lui plongea brusquement
dans le dos entre ses deux épaules nues. La
fille poussa un rugissement, se tourna, bondit
comme une panthère, et se rua sur l'homme, lui
enfonçant ses ongles dans le visage, avec les
plus effroyables paroles qui puissent tomber du
corps-de-garde dans le ruisseau. Ces injures,
vomies d'une voix enrouée par l'eau-de-vie, sortaient hideusement d'une bouche à laquelle man-
quaient en effet les deux dents de devant. C'était
la Fantine.

Au bruit que cela fit, les officiers sortirent en
foule du café, les passants s'amassèrent, et il se
forma un grand cercle riant, huant et applaudis-
sant, autour de ce tourbillon composé de deux
êtres où l'on avait peine à reconnaître un homme
et une femme, l'homme se débattant, son chapeau à terre, la femme frappant des pieds et
des poings, décoiffée, hurlant, sans dents et
sans cheveux, livide de colère, horrible.

Tout à coup un homme de haute taille sortit
vivement de la foule, saisit la femme à son cor-

sage de satin couvert de boue, et lui dit : suis-
moi !

La femme leva la tête ; sa voix furieuse s'éteignit subitement. Ses yeux étaient vitreux, de
livide elle était devenue pâle, et elle tremblait
d'un tremblement de terreur. Elle avait reconnu
Javert.

L'élégant avait profité de l'incident pour s'es-
quiver.

XIII

·

Solution de quelques questions de police municipale

Javert écarta les assistants, rompit le cercle, et se mit à marcher à grands pas vers le bureau de police qui est à l'extrémité de la place, traînant après lui la misérable. Elle se laissait faire machinalement. Ni lui, ni elle ne disaient un mot. La nuée des spectateurs, au paroxysme de la joie, suivait avec des quolibets. La suprême misère, occasion d'obscénités.

Arrivé au bureau de police qui était une salle basse chauffée par un poële et gardée par un poste, avec une porte vitrée et grillée sur la rue, Javert ouvrit la porte, entra avec la Fantine et referma la porte derrière lui, au grand désappointement des curieux qui se haussèrent sur la pointe du pied et allongèrent le cou devant la vitre trouble du corps-de-garde, cherchant à voir. La curiosité est une gourmandise. Voir c'est dévorer.

En entrant, la Fantine alla tomber dans un coin, immobile et muette, accroupie comme une chienne qui a peur.

Le sergent du poste apporta une chandelle allumée sur une table. Javert s'assit, tira de sa poche une feuille de papier timbré et se mit à écrire.

Ces classes de femmes sont entièrement remises par nos lois à la discrétion de la police.

Elle en fait ce qu'elle veut, les punit comme bon lui semble, et confisque à son gré ces deux tristes choses qu'elles appellent leur industrie et leur liberté. Javert était impassible; son visage sérieux ne trahissait aucune émotion. Pourtant il était gravement et profondément préoccupé. C'était un de ces moments où il exerçait sans contrôle, mais avec tous les scrupules d'une conscience sévère, son redoutable pouvoir discrétionnaire. En cet instant, il le sentait, son escabeau d'agent de police était un tribunal. Il jugeait. Il jugeait et il condamnait. Il appelait tout ce qu'il pouvait avoir d'idées dans l'esprit autour de la grande chose qu'il faisait. Plus il examinait le fait de cette fille, plus il se sentait révolté. Il était évident qu'il venait de voir commettre un crime. Il venait de voir, là dans la rue, la société représentée par un propriétaire-électeur, insultée et attaquée par une créature en dehors de tout. Une prostituée avait attenté à un bourgeois. Il avait vu cela, lui Javert. Il écrivait en silence.

Quand il eut fini, il signa, plia le papier et dit au sergent du poste, en le lui remettant : — Prenez trois hommes, et menez cette fille au bloc. — Puis se tournant vers la Fantine : — Tu en as pour six mois.

La malheureuse tressaillit.

— Six mois! six mois de prison! cria-t-elle. Six mois à gagner sept sous par jour! mais que deviendra Cosette! ma fille! ma fille! Mais je dois encore plus de cent francs aux Thénardier, monsieur l'inspecteur, savez-vous cela?

Elle se traîna sur la dalle mouillée par les bottes boueuses de tous ces hommes, sans se lever, joignant les mains, faisant de grands pas avec ses genoux.

— Monsieur Javert, dit-elle, je vous demande grâce. Je vous assure que je n'ai pas eu tort. Si vous aviez vu le commencement, vous auriez vu! je vous jure le bon Dieu que je n'ai pas eu tort. C'est ce monsieur le bourgeois que je ne connais pas qui m'a mis de la neige dans le dos. Est-ce qu'on a le droit de nous mettre de la neige dans

le dos quand nous passons comme cela tranquillement sans faire de mal à personne? Cela
m'a saisie. Je suis un peu malade, voyez-vous!
et puis il y avait déjà un peu de temps qu'il me
disait des raisons. Tu es laide! tu n'as pas de
dents! je le sais bien que je n'ai plus mes dents.
Je ne faisais rien, moi; je disais: c'est un monsieur qui s'amuse. J'étais honnête avec lui, je
ne lui parlais pas. C'est à cet instant là qu'il
m'a mis de la neige. Monsieur Javert, mon bon
monsieur l'inspecteur! est-ce qu'il n'y a personne là qui ait vu pour vous dire que c'est bien
vrai? J'ai peut-être eu tort de me fâcher. Vous
savez, dans le premier moment, on n'est pas
maître. On a des vivacités. Et puis, quelque
chose de si froid qu'on vous met dans le dos à
l'heure que vous ne vous y attendez pas. J'ai eu
tort d'abîmer le chapeau de ce monsieur. Pourquoi s'est-il en allé? je lui demanderais pardon.
Oh! mon Dieu, cela me serait bien égal de lui
demander pardon. Faites-moi grâce pour aujour-
d'hui cette fois, monsieur Javert. Tenez, vous

ne savez pas ça, dans les prisons on ne gagne
que sept sous, ce n'est pas la faute du gouvernement, mais on gagne sept sous, et figurez-
vous que j'ai cent francs à payer, ou autrement
on me renverra ma petite. O mon Dieu! je ne
peux pas l'avoir avec moi. C'est si vilain ce que
je fais! O ma Cosette, ô mon petit ange de la
bonne sainte vierge, qu'est-ce qu'elle deviendra,
pauvre loup! Je vais vous dire, c'est les Thénardier, des aubergistes, des paysans, ça n'a pas
de raisonnement. Il leur faut de l'argent. Ne
me mettez pas en prison! Voyez-vous, c'est une
petite qu'on mettrait à même sur la grande
route, va comme tu pourras, en plein cœur
d'hiver, il faut avoir pitié de cette chose là, mon
bon monsieur Javert. Si c'était plus grand, ça
gagnerait sa vie, mais ça ne peut pas, à ces
âges-là. Je ne suis pas une mauvaise femme au
fond. Ce n'est pas la lâcheté et la gourmandise
qui ont fait de moi ça. J'ai bu de l'eau-de-vie,
c'est par misère. Je ne l'aime pas, mais cela
étourdit. Quand j'étais plus heureuse, on n'au-

rait eu qu'à regarder dans mes armoires, on aurait bien vu que je n'étais pas une femme coquette qui a du désordre. J'avais du linge, beaucoup de linge. Ayez pitié de moi, monsieur Javert!

Elle parlait ainsi, brisée en deux, secouée par les sanglots, aveuglée par les larmes, la gorge nue, se tordant les mains, toussant d'une toux sèche et courte, balbutiant tout doucement avec la voix de l'agonie. La grande douleur est un rayon divin et terrible qui transfigure les misérables. En ce moment là, la Fantine était redevenue belle. A de certains instants, elle s'arrêtait et baisait tendrement la redingote du mouchard. Elle eût attendri un cœur de granit; mais on n'attendrit pas un cœur de bois.

— Allons! dit Javert, je t'ai écoutée. As-tu bien tout dit? Marche à présent! tu as tes six mois! le Père Éternel en personne n'y pourrait plus rien.

A cette solennelle parole, *le Père Éternel en personne n'y pourrait plus rien*, elle comprit que

l'arrêt était prononcé. Elle s'affaissa sur elle-
même en murmurant :

— Grâce!

Javert tourna le dos.

Les soldats la saisirent par le bras.

Depuis quelques minutes, un homme était
entré sans qu'on eût pris garde à lui. Il avait
refermé la porte, s'y était adossé, et avait entendu les prières désespérées de la Fantine.

Au moment où les soldats mirent la main sur
la malheureuse qui ne voulait pas se lever, il
fit un pas, sortit de l'ombre et dit :

— Un instant, s'il vous plaît!

Javert leva les yeux et reconnut M. Madeleine. Il ôta son chapeau, et saluant avec une
sorte de gaucherie fâchée :

— Pardon, monsieur le maire....

Ce mot : monsieur le maire, fit sur la Fantine
un effet étrange. Elle se dressa debout tout
d'une pièce comme un spectre qui sort de terre,
repoussa les soldats des deux bras, marcha
droit à M. Madeleine avant qu'on eût pu la

retenir, et le regardant fixement, l'air égaré,
elle s'écria :

—Ah! c'est donc toi qui es monsieur le maire!

Puis elle éclata de rire et lui cracha au
visage.

M. Madeleine s'essuya le visage et dit :

— Inspecteur Javert, mettez cette femme en
liberté.

Javert se sentit au moment de devenir fou. Il
éprouvait en cet instant, coup sur coup, et
presque mêlées ensemble, les plus violentes
émotions qu'il eût ressenties de sa vie. Voir
une fille publique cracher au visage d'un maire,
cela était une chose si monstrueuse que, dans
ses suppositions les plus effroyables, il eût regardé comme un sacrilége de la croire possible.
D'un autre côté, dans le fond de sa pensée, il
faisait confusément un rapprochement hideux
entre ce qu'était cette femme et ce que pouvait
être ce maire, et alors il entrevoyait avec horreur je ne sais quoi de tout simple dans ce prodigieux attentat. Mais quand il vit ce maire, ce

magistrat, s'essuyer tranquillement le visage et dire : *mettez cette femme en liberté*, il eut comme un éblouissement de stupeur ; la pensée et la parole lui manquèrent également ; la somme de l'étonnement possible était dépassée pour lui. Il resta muet.

Ce mot n'avait pas porté un coup moins étrange à la Fantine. Elle leva son bras nu et se cramponna à la clef du poêle comme une personne qui chancelle. Cependant elle regardait tout autour d'elle et elle se mit à parler à voix basse, comme si elle se parlait à elle-même.

— En liberté ! qu'on me laisse aller ! que je n'aille pas en prison six mois ? Qu'est-ce qui a dit cela ? Il n'est pas possible qu'on ait dit cela. J'ai mal entendu. Ça ne peut pas être ce monstre de maire ! Est-ce que c'est vous, mon bon monsieur Javert, qui avez dit qu'on me mette en liberté ? Oh ! voyez-vous ! je vais vous dire et vous me laisserez aller. Ce monstre de maire, ce vieux gredin de maire, c'est lui qui est cause de tout. Figurez-vous, monsieur Javert, qu'il m'a chassée !

à cause d'un tas de gueuses qui tiennent des
propos dans l'atelier. Si ce n'est pas là une horreur! Renvoyer une pauvre fille qui fait honnêtement son ouvrage! alors je n'ai plus gagné
assez, et tout le malheur est venu. D'abord il y
a une amélioration que ces messieurs de la
police devraient bien faire, ce serait d'empêcher
les entrepreneurs des prisons de faire du tort
aux pauvres gens. Je vais vous expliquer cela,
voyez-vous. Vous gagnez douze sous dans les
chemises, cela tombe à neuf sous, il n'y a plus
moyen de vivre. Il faut donc devenir ce qu'on
peut. Moi, j'avais ma petite Cosette, j'ai bien
été forcée de devenir une mauvaise femme.
Vous comprenez à présent que c'est ce gueux
de maire qui a fait tout le mal. Après cela, j'ai
piétiné le chapeau de ce monsieur bourgeois
devant le café des officiers. Mais lui, il m'avait
perdu toute ma robe avec de la neige. Nous
autres, nous n'avons qu'une robe de soie, pour
le soir. Voyez-vous, je n'ai jamais fait de mal
exprès, vrai, monsieur Javert, et je vois partout

des femmes bien plus méchantes que moi qui
sont bien plus heureuses. O monsieur Javert,
c'est vous qui avez dit qu'on me mette dehors,
n'est-ce pas? Prenez des informations, parlez
à mon propriétaire, maintenant je paie mon
terme, on vous dira bien que je suis honnête.
Ah! mon Dieu, je vous demande pardon, j'ai
touché, sans faire attention, à la clef du poêle,
et cela fait fumer.

M. Madeleine l'écoutait avec une attention
profonde. Pendant qu'elle parlait, il avait fouillé
dans son gilet, en avait tiré sa bourse et l'avait
ouverte. Elle était vide. Il l'avait remise dans
sa poche. Il dit à la Fantine :

— Combien avez-vous dit que vous deviez?

La Fantine, qui ne regardait que Javert, se
retourna de son côté :

— Est-ce que je te parle à toi?

Puis s'adressant aux soldats :

— Dites donc, vous autres, avez-vous vu
comme je te vous lui ai craché à la figure? Ah!
vieux scélérat de maire, tu viens ici pour me

faire peur, mais je n'ai pas peur de toi. J'ai peur de monsieur Javert. J'ai peur de mon bon monsieur Javert!

En parlant ainsi elle se retourna vers l'inspecteur :

— Avec ça, voyez-vous, monsieur l'inspecteur, il faut être juste. Je comprends que vous êtes juste, monsieur l'inspecteur, au fait, c'est tout simple, un homme qui joue à mettre un peu de neige dans le dos d'une femme, ça les faisait rire, les officiers, il faut bien qu'on se divertisse à quelque chose, nous autres nous sommes là pour qu'on s'amuse, quoi! Et puis, vous, vous venez, vous êtes bien forcé de mettre l'ordre, vous emmenez la femme qui a tort, mais en y réfléchissant, comme vous êtes bon, vous dites qu'on me mette en liberté, c'est pour la petite, parce que six mois en prison cela m'empêcherait de nourrir mon enfant. Seulement n'y reviens plus, coquine! Oh! je n'y reviendrai plus, monsieur Javert! on me fera tout ce qu'on voudra maintenant, je ne bougerai plus. Seule-

ment, aujourd'hui, voyez-vous, j'ai crié parce
que cela m'a fait mal, je ne m'attendais pas du
tout à cette neige de ce monsieur, et puis, je
vous ai dit, je ne me porte pas très bien, je
tousse, j'ai là dans l'estomac comme une boule
qui me brûle, que le médecin me dit : soignez-
vous. Tenez, tâtez, donnez votre main, n'ayez
pas peur, c'est ici.

Elle ne pleurait plus, sa voix était caress-
sante, elle appuyait sur sa gorge blanche et
délicate la grosse main rude de Javert, et elle
le regardait en souriant.

Tout à coup elle rajusta vivement le désordre
de ses vêtements, fit retomber les plis de sa
robe qui en se traînant s'était relevée presque à
la hauteur du genou, et marcha vers la porte
en disant à demi-voix aux soldats avec un signe
de tête amical :

— Les enfants, monsieur l'inspecteur a dit
qu'on me lâche, je m'en vas.

Elle mit la main sur le loquet. Un pas de
plus, elle était dans la rue.

Javert jusqu'à cet instant était resté debout, immobile, l'œil fixé à terre, posé de travers au milieu de cette scène comme une statue dérangée qui attend qu'on la mette quelque part.

Le bruit que fit le loquet le réveilla. Il releva la tête avec une expression d'autorité souveraine, expression toujours d'autant plus effrayante que le pouvoir se trouve placé plus bas, féroce chez la bête fauve, atroce chez l'homme de rien.

— Sergent, cria-t-il, vous ne voyez pas que cette drôlesse s'en va! Qui est-ce qui vous a dit de la laisser aller?

— Moi, dit Madeleine.

La Fantine à la voix de Javert avait tremblé et lâché le loquet comme un voleur pris lâche l'objet volé. A la voix de Madeleine, elle se retourna, et à partir de ce moment, sans qu'elle prononçât un mot, sans qu'elle osât même laisser sortir son souffle librement, son regard alla tour à tour de Madeleine à Javert et de Javert

à Madeleine, selon que c'était l'un ou l'autre qui
parlait.

Il était évident qu'il fallait que Javert eût été,
comme on dit, « jeté hors des gonds » pour qu'il
se fût permis d'apostropher le sergent comme il
l'avait fait, après l'invitation du maire de mettre
Fantine en liberté. En était-il venu à oublier la
présence de monsieur le maire? Avait-il fini par
se déclarer à lui-même qu'il était impossible
« qu'une autorité » eût donné un pareil ordre,
et que bien certainement monsieur le maire
avait dû dire sans le vouloir une chose pour une
autre? Ou bien, devant les énormités dont il était
témoin depuis deux heures, se disait-il qu'il fallait revenir aux suprêmes résolutions, qu'il était
nécessaire que le petit se fît grand, que le mouchard se transformât en magistrat, que l'homme
de police devînt homme de justice, et qu'en cette
extrémité prodigieuse l'ordre, la loi, la morale,
le gouvernement, la société tout entière, se per-
sonnifiaient en lui Javert?

Quoi qu'il en soit, quand M. Madeleine eut

dit ce *moi* qu'on vient d'entendre, on vit l'inspecteur de police Javert se tourner vers monsieur le maire, pâle, froid, les lèvres bleues, le regard désespéré, tout le corps agité d'un tremblement imperceptible, et, chose inouïe, lui dire, l'œil baissé, mais la voix ferme :

— Monsieur le maire, cela ne se peut pas.

— Comment? dit M. Madeleine.

— Cette malheureuse a insulté un bourgeois.

— Inspecteur Javert, repartit M. Madeleine avec un accent conciliant et calme, écoutez. Vous êtes un honnête homme, et je ne fais nulle difficulté de m'expliquer avec vous. Voici le vrai. Je passais sur la place comme vous emmeniez cette femme, il y avait encore des groupes, je me suis informé, j'ai tout su, c'est le bourgeois qui a eu tort et qui, en bonne police, eût dû être arrêté.

Javert reprit :

— Cette misérable vient d'insulter monsieur le maire.

— Ceci me regarde, dit M. Madeleine. Mon

injure est à moi peut-être. J'en puis faire ce que
je veux.

— Je demande pardon à monsieur le maire.
Son injure n'est pas à lui, elle est à la justice.

— Inspecteur Javert, répliqua M. Madeleine,
la première justice, c'est la conscience. J'ai entendu cette femme. Je sais ce que je fais.

— Et moi, monsieur le maire, je ne sais pas
ce que je vois.

— Alors contentez-vous d'obéir.

— J'obéis à mon devoir. Mon devoir veut que
cette femme fasse six mois de prison.

M. Madeleine répondit avec douceur :

— Écoutez bien ceci. Elle n'en fera pas un
jour.

A cette parole décisive, Javert osa regarder le maire fixement, et lui dit, mais avec
un son de voix toujours profondément respec-
tueux :

— Je suis au désespoir de résister à monsieur le maire, c'est la première fois de ma vie,
mais il daignera me permettre de lui faire ob-

server que je suis dans les limites de mes attri-
butions. Je reste, puisque monsieur le maire
le veut, dans le fait du bourgeois. J'étais là.
C'est cette fille qui s'est jetée sur monsieur Bamatabois qui est électeur et propriétaire de cette
belle maison à balcon qui fait le coin de l'es-
planade, à trois étages et toute en pierre de
taille. Enfin, il y a des choses dans ce monde!
Quoi qu'il en soit, monsieur le maire, cela, c'est
un fait de police de la rue qui me regarde, et je
retiens la femme Fantine.

Alors M. Madeleine croisa les bras et dit
avec une voix sévère que personne dans la ville
n'avait encore entendue :

— Le fait dont vous parlez est un fait de
police municipale. Aux termes des articles neuf,
onze, quinze et soixante-six du code d'instruction criminelle, j'en suis juge. J'ordonne que
cette femme soit mise en liberté.

Javert voulut tenter un dernier effort.

— Mais, monsieur le maire...

— Je vous rappelle, à vous, l'article quatre-

vingt-un de la loi du 13 décembre 1799 sur la
détention arbitraire.

— Monsieur le maire, permettez...

— Plus un mot.

— Pourtant...

— Sortez, dit M. Madeleine.

Javert reçut le coup, debout, de face, et en
pleine poitrine comme un soldat russe. Il salua
jusqu'à terre monsieur le maire et sortit.

Fantine se rangea de la porte et le regarda
avec stupeur passer devant elle.

Cependant elle aussi était en proie à un bou-
leversement étrange. Elle venait de se voir en
quelque sorte disputée par deux puissances
opposées. Elle avait vu lutter devant ses yeux
deux hommes tenant dans leurs mains sa
liberté, sa vie, son âme, son enfant; l'un de
ces hommes la tirait du côté de l'ombre, l'autre
la ramenait vers la lumière. Dans cette lutte,
entrevue à travers les grossissements de l'épouvante, ces deux hommes lui étaient apparus
comme deux géants; l'un parlait comme son

démon, l'autre parlait comme son bon ange. L'ange avait vaincu le démon, et, chose qui la faisait frissonner de la tête aux pieds, cet ange, ce libérateur, c'était précisément l'homme qu'elle abhorrait, ce maire qu'elle avait si longtemps considéré comme l'auteur de tous ses maux, ce Madeleine! et au moment même où elle venait de l'insulter d'une façon hideuse, il la sauvait! S'était-elle donc trompée? Devait-elle donc changer toute son âme?... Elle ne savait, elle tremblait. Elle écoutait éperdue, elle regardait effarée, et à chaque parole que disait M. Madeleine, elle sentait fondre et s'écrouler en elle les affreuses ténèbres de la haine et naître dans son cœur je ne sais quoi de réchauffant et d'ineffable qui était de la joie, de la confiance et de l'amour.

Quand Javert fut sorti, M. Madeleine se tourna vers elle, et lui dit avec une voix lente, ayant peine à parler comme un homme sérieux qui ne veut pas pleurer :

— Je vous ai entendue. Je ne savais rien de

ce que vous avez dit. Je crois que c'est vrai, et
je sens que c'est vrai. J'ignorais même que vous
eussiez quitté mes ateliers. Pourquoi ne vous
êtes-vous pas adressée à moi ? Mais voici : Je
paierai vos dettes, je ferai venir votre enfant,
ou vous irez la rejoindre. Vous vivrez ici, à
Paris, où vous voudrez. Je me charge de votre
enfant et de vous. Vous ne travaillerez plus, si
vous voulez. Je vous donnerai tout l'argent qu'il
vous faudra. Vous redeviendrez honnête en
redevenant heureuse. Et même, écoutez, je vous
le déclare dès à présent, si tout est comme vous
le dites, et je n'en doute pas, vous n'avez jamais
cessé d'être vertueuse et sainte devant Dieu.
Oh! pauvre femme!

   C'en était plus que la pauvre Fantine n'en
pouvait supporter. Avoir Cosette! sortir de cette
vie infâme! vivre libre, riche, heureuse, honnête, avec Cosette! voir brusquement s'épanouir
au milieu de sa misère toutes ces réalités du paradis! Elle regarda comme hébétée cet homme
qui lui parlait, et ne put que jeter deux ou trois

sanglots : Oh! oh! oh! Ses jarrets plièrent, elle
se mit à genoux devant M. Madeleine, et, avant
qu'il eût pu l'en empêcher, il sentit qu'elle lui
prenait la main et que ses lèvres s'y posaient.

Puis elle s'évanouit.

LIVRE SIXIÈME

JAVERT

I

Commencement du repos

M. Madeleine fit transporter la Fantine à
cette infirmerie qu'il avait dans sa propre maison. Il la confia aux sœurs qui la mirent au lit.
Une fièvre ardente était survenue. Elle passa

une partie de la nuit à délirer et à parler haut.
Cependant elle finit par s'endormir.

Le lendemain vers midi Fantine se réveilla,
elle entendit une respiration tout près de son
lit, elle écarta son rideau et vit M. Madeleine
debout qui regardait quelque chose au dessus
de sa tête. Ce regard était plein de pitié et
d'angoisse et suppliait. Elle en suivit la direction et vit qu'il s'adressait à un crucifix cloué
au mur.

M. Madeleine était désormais transfiguré aux
yeux de Fantine. Il lui paraissait enveloppé de
lumière. Il était absorbé dans une sorte de
prière. Elle le considéra longtemps sans oser
l'interrompre. Enfin elle lui dit timidement :

— Que faites-vous donc là?

M. Madeleine était à cette place depuis une
heure. Il attendait que Fantine se réveillât. Il
lui prit la main, lui tâta le pouls, et répondit :

— Comment êtes-vous?

— Bien, j'ai dormi, dit-elle, je crois que je
vais mieux. Ce ne sera rien.

Lui reprit, répondant à la question qu'elle lui avait adressée d'abord, comme s'il ne faisait que de l'entendre :

— Je priais le martyr qui est là haut.

Et il ajouta dans sa pensée : — Pour la martyre qui est ici bas.

M. Madeleine avait passé la nuit et la matinée à s'informer. Il savait tout maintenant. Il connaissait dans tous ses poignants détails l'histoire de Fantine. Il continua :

— Vous avez bien souffert, pauvre mère. Oh! ne vous plaignez pas, vous avez à présent la dot des élus. C'est de cette façon que les hommes font des anges. Ce n'est point leur faute ; ils ne savent pas s'y prendre autrement. Voyez-vous, cet enfer dont vous sortez est la première forme du ciel. Il fallait commencer par là.

Il soupira profondément. Elle cependant lui souriait avec ce sublime sourire auquel il manquait deux dents.

Javert dans cette même nuit avait écrit une lettre. Il remit lui-même cette lettre le lende-

main matin au bureau de poste de M.— sur
M.—. Elle était pour Paris et la suscription portait : *à monsieur Chabouillet, secrétaire de monsieur le préfet de police*. Comme l'affaire du corps-
de-garde s'était ébruitée, la directrice du bureau
de poste et quelques autres personnes qui virent
la lettre avant le départ et qui reconnurent
l'écriture de Javert sur l'adresse, pensèrent que
c'était sa démission qu'il envoyait.

M. Madeleine se hâta d'écrire aux Thénardier. Fantine leur devait cent vingt francs. Il
leur envoya trois cents francs, en leur disant
de se payer sur cette somme et d'amener tout
de suite l'enfant à M.— sur M.— où sa mère
malade la réclamait.

Ceci éblouit le Thénardier. — Diable! dit-il
à sa femme, ne lâchons pas l'enfant. Voilà que
cette mauviette va devenir une vache à lait. Je
devine. Quelque jocrisse se sera amouraché de
la mère.

Il riposta par un mémoire de cinq cents et
quelques francs fort bien fait. Dans ce mémoire

figuraient pour plus de trois cents francs deux
notes incontestables, l'une d'un médecin, l'autre
d'un apothicaire, lesquels avaient soigné et
médicamenté dans deux longues maladies Éponine et Azelma. Cosette, nous l'avons dit, n'avait
pas été malade. Ce fut l'affaire d'une toute petite
substitution de noms. Thénardier mit au bas du
mémoire : *reçu à-compte trois cents francs.*

M. Madeleine envoya tout de suite trois cents
autres francs et écrivit : dépêchez-vous d'amener Cosette.

— Christi! dit le Thénardier, ne lâchons pas
l'enfant.

Cependant Fantine ne se rétablissait point.
Elle était toujours à l'infirmerie.

Les sœurs n'avaient d'abord reçu et soigné
« cette fille » qu'avec répugnance. Qui a vu les
bas-reliefs de Reims se souvient du gonfle-
ment de la lèvre inférieure des vierges sages
regardant les vierges folles. Cet antique mépris
des vestales pour les ambubaïes est un des plus
profonds instincts de la dignité féminine; les

sœurs l'avaient éprouvé, avec le redoublement
qu'ajoute la religion. Mais en peu de jours,
Fantine les avait désarmées. Elle avait toutes
sortes de paroles humbles et douces, et la mère
qui était en elle attendrissait. Un jour les sœurs
l'entendirent qui disait à travers la fièvre : —
j'ai été une pécheresse, mais quand j'aurai mon
enfant près de moi, cela voudra dire que Dieu
m'a pardonné. Pendant que j'étais dans le mal,
je n'aurais pas voulu avoir ma Cosette avec moi,
je n'aurais pas pu supporter ses yeux étonnés
et tristes. C'était pour elle pourtant que je faisais
le mal, et c'est ce qui fait que Dieu me par-
donne. Je sentirai la bénédiction du bon Dieu
quand Cosette sera ici. Je la regarderai, cela
me fera du bien de voir cette innocente. Elle
ne sait rien du tout. C'est un ange, voyez-vous,
mes sœurs. A cet âge-là, les ailes, ça n'est pas
encore tombé.

M. Madeleine l'allait voir deux fois par jour,
et chaque fois elle lui demandait :

— Verrai-je bientôt ma Cosette?

Il lui répondait :

— Peut-être demain matin. D'un moment à l'autre elle arrivera, je l'attends.

Et le visage pâle de la mère rayonnait.

— Oh! disait-elle, comme je vais être heureuse!

Nous venons de dire qu'elle ne se rétablissait pas. Au contraire, son état semblait s'aggraver de semaine en semaine. Cette poignée de neige appliquée à nu sur la peau entre les deux omoplates avait déterminé une suppression subite de transpiration à la suite de laquelle la maladie qu'elle couvait depuis plusieurs années finit par se déclarer violemment. On commençait alors à suivre pour l'étude et le traitement des maladies de poitrine les belles indications de Laënnec. Le médecin ausculta la Fantine et hocha la tête.

M. Madeleine dit au médecin :

— Eh bien?

— N'a-t-elle pas un enfant qu'elle désire voir? dit le médecin.

— Oui.

— Eh bien, hâtez-vous de le faire venir.

M. Madeleine eut un tressaillement.

Fantine lui demanda :

— Qu'a dit le médecin?

M. Madeleine s'efforça de sourire.

— Il a dit de faire venir bien vite votre enfant. Que cela vous rendra la santé.

— Oh! reprit-elle, il a raison! mais qu'est-ce qu'ils ont donc ces Thénardier à me garder ma Cosette! Oh! elle va venir. Voici enfin que je vois le bonheur tout près de moi!

Le Thénardier cependant ne « lâchait pas l'enfant » et donnait cent mauvaises raisons. Cosette était un peu souffrante pour se mettre en route l'hiver. Et puis il y avait un reste de petites dettes criardes dans le pays dont il rassemblait les factures, etc., etc.

— J'enverrai quelqu'un chercher Cosette! dit le père Madeleine. S'il le faut, j'irai moi-même.

Il écrivit sous la dictée de Fantine cette lettre qu'il lui fit signer :

« Monsieur Thénardier,

« Vous remettrez Cosette à la personne.

« On vous paiera toutes les petites choses.

« J'ai l'honneur de vous saluer avec considé-
« ration,

« FANTINE. »

Sur ces entrefaites, il survint un grave incident. Nous avons beau tailler de notre mieux le
bloc mystérieux dont notre vie est faite, la veine
noire de la destinée y reparaît toujours.

II

Comment Jean peut devenir Champ

Un matin, M. Madeleine était dans son cabinet, occupé à régler d'avance quelques affaires
pressantes de la mairie, pour le cas où il se dé-
ciderait à ce voyage de Montfermeil, lorsqu'on

vint lui dire que l'inspecteur de police Javert
demandait à lui parler. En entendant prononcer ce nom, M. Madeleine ne put se défendre
d'une impression désagréable. Depuis l'aventure
du bureau de police, Javert l'avait plus que
jamais évité, et M. Madeleine ne l'avait point
revu.

— Faites entrer, dit-il.

Javert entra.

M. Madeleine était resté assis près de la cheminée, une plume à la main, l'œil sur un dossier
qu'il feuilletait et qu'il annotait et qui contenait
des procès-verbaux de contraventions à la police
de la voirie. Il ne se dérangea point pour Javert. Il ne pouvait s'empêcher de songer à la
pauvre Fantine, et il lui convenait d'être gla-
cial.

Javert salua respectueusement M. le maire
qui lui tournait le dos. M. le maire ne le regarda
pas et continua d'annoter son dossier.

Javert fit deux ou trois pas dans le cabinet, et
s'arrêta sans rompre le silence.

Un physionomiste qui eût été familier avec
la nature de Javert, qui eût étudié depuis longtemps ce sauvage au service de la civilisation,
ce composé bizarre du romain, du spartiate, du
moine et du caporal, cet espion incapable d'un
mensonge, ce mouchard vierge, un physionomiste qui eût su sa secrète et ancienne aversion
pour M. Madeleine, son conflit avec le maire au
sujet de la Fantine, et qui eût considéré Javert
en ce moment, se fût dit : que s'est-il passé? Il
était évident, pour qui eût connu cette conscience
droite, claire, sincère, probe, austère et féroce,
que Javert sortait de quelque grand événement
intérieur. Javert n'avait rien dans l'âme qu'il ne
l'eût aussi sur le visage. Il était, comme les gens
violents, sujet aux revirements brusques. Jamais sa physionomie n'avait été plus étrange et
plus inattendue. En entrant, il s'était incliné
devant M. Madeleine avec un regard où il n'y
avait ni rancune, ni colère, ni défiance, il s'était
arrêté à quelques pas derrière le fauteuil du
maire; et maintenant il se tenait là, debout,

dans une attitude presque disciplinaire, avec
la rudesse naïve et froide d'un homme qui
n'a jamais été doux et qui a toujours été pa-
tient; il attendait, sans dire un mot, sans faire
un mouvement, dans une humilité vraie et
dans une résignation tranquille, qu'il plût à
monsieur le maire de se retourner, calme,
sérieux, le chapeau à la main, les yeux baissés, avec une expression qui tenait le milieu
entre le soldat devant son officier et le coupable devant son juge. Tous les sentiments
comme tous les souvenirs qu'on eût. pu lui
supposer avaient disparu. Il n'y avait plus
rien sur ce visage impénétrable et simple
comme le granit, qu'une morne tristesse.
Toute sa personne respirait l'abaissement et
la fermeté, et je ne sais quel accablement courageux.

Enfin M. le maire posa sa plume et se tourna
à demi :

— Eh bien! qu'est-ce? qu'y a-t-il, Javert?

Javert demeura un instant silencieux comme

s'il se recueillait, puis éleva la voix avec une sorte de solennité triste qui n'excluait pourtant pas la simplicité.

— Il y a, monsieur le maire, qu'un acte coupable a été commis.

— Quel acte?

— Un agent inférieur de l'autorité a manqué de respect à un magistrat de la façon la plus grave. Je viens, comme c'est mon devoir, porter le fait à votre connaissance.

— Quel est cet agent? demanda M. Madeleine.

— Moi, dit Javert.

— Vous?

— Moi.

— Et quel est le magistrat qui aurait à se plaindre de l'agent?

— Vous, monsieur le maire.

M. Madeleine se dressa sur son fauteuil. Javert poursuivit, l'air sévère et les yeux toujours baissés.

— Monsieur le maire, je viens vous prier de

vouloir bien provoquer près de l'autorité ma destitution.

M. Madeleine stupéfait ouvrit la bouche. Javert l'interrompit.

— Vous direz, j'aurais pu donner ma démission, mais cela ne suffit pas. Donner sa démission, c'est honorable. J'ai failli, je dois être puni. Il faut que je sois chassé.

Et après une pause, il ajouta :

— Monsieur le maire, vous avez été sévère pour moi l'autre jour injustement. Soyez-le aujourd'hui justement.

— Ah ça! pourquoi? s'écria M. Madeleine. Quel est ce galimatias? qu'est-ce que cela veut dire? où y a-t-il un acte coupable commis contre moi par vous? qu'est-ce que vous m'avez fait? quels torts avez-vous envers moi? vous vous accusez, vous voulez être remplacé...

— Chassé, dit Javert.

— Chassé, soit. C'est fort bien. Je ne comprends pas.

— Vous allez comprendre, monsieur le maire.

Javert soupira du fond de sa poitrine et reprit toujours froidement et tristement :

— Monsieur le maire, il y a six semaines, à la suite de cette scène pour cette fille, j'étais furieux, je vous ai dénoncé.

— Dénoncé !

— A la préfecture de police de Paris.

M. Madeleine, qui ne riait pas beaucoup plus souvent que Javert, se mit à rire :

— Comme maire ayant empiété sur la police?

— Comme ancien forçat.

Le maire devint livide.

Javert, qui n'avait pas levé les yeux, continua :

— Je le croyais. Depuis longtemps j'avais des idées. Une ressemblance, des renseignements que vous avez fait prendre à Faverolles, votre force des reins, l'aventure du vieux Fauchelevent, votre adresse au tir, votre jambe qui traîne un peu, est-ce que je sais, moi? des bêtises! mais enfin je vous prenais pour un nommé Jean Valjean.

— Un nommé?... Comment dites-vous ce nom-là?

— Jean Valjean. C'est un forçat que j'avais vu il y a vingt ans quand j'étais adjudant-garde-chiourme à Toulon. En sortant du bagne, ce Jean Valjean avait, à ce qu'il paraît, volé chez un évêque, puis il avait commis un autre vol à main armée dans un chemin public sur un petit savoyard. Depuis huit ans il s'était dérobé, on ne sait comment, et on le cherchait. Moi je m'étais figuré... — Enfin j'ai fait cette chose! La colère m'a décidé, je vous ai dénoncé à la préfecture.

M. Madeleine, qui avait ressaisi le dossier depuis quelques instants, reprit avec un accent de parfaite indifférence :

— Et que vous a-t-on répondu?

— Que j'étais fou.

— Eh bien?

— Eh bien, on avait raison.

— C'est heureux que vous le reconnaissiez !

— Il faut bien, puisque le véritable Jean Valjean est trouvé.

La feuille que tenait M. Madeleine lui échappa
des mains, il leva la tête, regarda fixement Javert et dit avec un accent inexprimable :

— Ah!

Javert poursuivit :

— Voilà ce que c'est, monsieur le maire. Il
paraît qu'il y avait dans le pays, du côté d'Ailly-
le-Haut-Clocher, une espèce de bonhomme qu'on
appelait le père Champmathieu. C'était très misérable. On n'y faisait pas attention. Ces gens-
là, on ne sait pas de quoi cela vit. Dernière-
ment, cet automne, le père Champmathieu a été
arrêté pour un vol de pommes à cidre, commis
chez... — Enfin n'importe! il y a eu vol, mur
escaladé, branches de l'arbre cassées. On a
arrêté mon Champmathieu. Il avait encore la
branche de pommier à la main. On coffre le
drôle. Jusqu'ici ce n'est pas beaucoup plus
qu'une affaire correctionnelle. Mais voici qui
est de la providence. La geôle étant en mauvais

état, monsieur le juge d'instruction trouve à propos de faire transférer Champmathieu à Arras où est la prison départementale. Dans cette prison d'Arras, il y a un ancien forçat nommé Brevet. qui est détenu pour je ne sais quoi et qu'on a fait guichetier de chambrée parce qu'il se conduit bien. Monsieur le maire, Champmathieu n'est pas plus tôt débarqué que voilà Brevet qui s'écrie : Eh, mais! je connais cet homme-là. C'est un fagot (*). Regardez-moi donc, bonhomme! Vous êtes Jean Valjean! — Jean Valjean! qui ça Jean Valjean? Le Champmathieu joue l'étonné. — Ne fais donc pas le sinvre, dit Brevet. Tu es Jean Valjean! Tu as été au bagne de Toulon. Il y a vingt ans. Nous y étions ensemble. — Le Champmathieu nie. Parbleu! Vous comprenez. On approfondit. On me fouille cette aventure-là. Voici ce qu'on trouve : ce Champmathieu, il y a une trentaine d'années, a été ouvrier émondeur d'arbres dans

(*) *Fagot*, ancien forçat.

plusieurs pays, notamment à Faverolles. Là on
perd sa trace. Longtemps après, on le revoit en
Auvergne, puis à Paris où il dit avoir été charron et avoir eu une fille blanchisseuse, mais
cela n'est pas prouvé, enfin dans ce pays-ci. Or
avant d'aller au bagne pour vol qualifié, qu'était
Jean Valjean? émondeur. Où? à Faverolles.
Autre fait. Ce Valjean s'appelait de son nom
de baptême Jean et sa mère se nommait de son
nom de famille Mathieu. Quoi de plus naturel
que de penser qu'en sortant du bagne il aura
pris le nom de sa mère pour se cacher et se sera
fait appeler Jean Mathieu? Il va en Auvergne.
De *Jean* la prononciation du pays fait *chan*, on
l'appelle Chan Mathieu. Notre homme se laisse
faire et le voilà transformé en Champmathieu.
Vous me suivez, n'est-ce pas? On s'informe à
Faverolles. La famille de Jean Valjean n'y est
plus. On ne sait plus où elle est. Vous savez,
dans ces classes-là, il y a souvent de ces évanouissements d'une famille. On cherche, on ne
trouve plus rien. Ces gens-là, quand ce n'est

pas de la boue, c'est de la poussière. Et puis, comme le commencement de ces histoires date de trente ans, il n'y a plus personne à Faverolles qui ait connu Jean Valjean. On s'informe à Toulon. Avec Brevet, il n'y a plus que deux forçats, qui aient vu Jean Valjean. Ce sont les condamnés à vie Cochepaille et Chenildieu. On les extrait du bagne et on les fait venir. On les confronte au prétendu Champmathieu. Ils n'hésitent pas. Pour eux comme pour Brevet, c'est Jean Valjean. Même âge, il a cinquante-quatre ans, même taille, même air, même homme enfin, c'est lui. C'est en ce moment-là même que j'envoyais ma dénonciation à la préfecture de Paris. On me répond que je perds l'esprit et que Jean Valjean est à Arras au pouvoir de la justice. Vous concevez si cela m'étonne, moi qui croyais tenir ici ce même Jean Valjean! J'écris à monsieur le juge d'instruction. Il me fait venir, on m'amène le Champmathieu...

— Eh bien? interrompit M. Madeleine.

Javert répondit avec son visage incorruptible et triste :

— Monsieur le maire, la vérité est la vérité. J'en suis fâché, mais c'est cet homme-là qui est Jean Valjean. Moi aussi je l'ai reconnu.

M. Madeleine reprit d'une voix très basse :

— Vous êtes sûr?

Javert se mit à rire de ce rire douloureux qui échappe à une conviction profonde :

— Oh, sûr!

Il demeura un moment pensif, prenant machinalement des pincées de poudre de bois dans la sébile à sécher l'encre qui était sur la table, et il ajouta :

— Et même, maintenant que je vois le vrai Jean Valjean, je ne comprends pas comment j'ai pu croire autre chose. Je vous demande pardon, monsieur le maire.

En adressant cette parole suppliante et grave à celui qui, six semaines auparavant, l'avait humilié en plein corps-de-garde et lui avait dit: Sortez! Javert, cet homme hautain, était à son

insu plein de simplicité et de dignité. M. Madeleine ne répondit à sa prière que par cette question brusque :

— Et que dit cet homme?

— Ah, dame! monsieur le maire, l'affaire est
mauvaise. Si c'est Jean Valjean, il y a récidive.
Enjamber un mur, casser une branche, chipper
des pommes, pour un enfant, c'est une polisson-
nerie; pour un homme, c'est un délit; pour un
forçat, c'est un crime. Escalade et vol, tout y
est. Ce n'est plus la police correctionnelle, c'est
la cour d'assises. Ce n'est plus quelques jours
de prison, ce sont les galères à perpétuité. Et
puis, il y a l'affaire du petit savoyard que j'espère bien qui reviendra. Diable! il y a de quoi
se débattre, n'est-ce pas? Oui, pour un autre
que Jean Valjean. Mais Jean Valjean est un
sournois. C'est encore là que je le reconnais.
Un autre sentirait que cela chauffe; il se démè-
nerait, il crierait, la bouilloire chante devant le
feu, il ne voudrait pas être Jean Valjean, et
cœtera. Lui, il n'a pas l'air de comprendre, il

dit : Je suis Champmathieu, je ne sors pas de
là! Il a l'air étonné, il fait la brute, c'est bien
mieux. Oh! le drôle est habile! mais c'est égal,
les preuves sont là. Il est reconnu par quatre
personnes; le vieux coquin sera condamné. C'est
porté aux assises à Arras. Je vais y aller pour
témoigner. Je suis cité.

M. Madeleine s'était remis à son bureau,
avait ressaisi son dossier, et le feuilletait tranquillement, lisant et écrivant tour à tour comme
un homme affairé. Il se tourna vers Javert :

— Assez, Javert. Au fait, tous ces détails
m'intéressent fort peu. Nous perdons notre
temps, et nous avons des affaires pressées. Javert, vous allez vous rendre sur-le-champ chez
la bonne femme Buseaupied qui vend des herbes
là-bas au·coin de la rue Saint-Saulve. Vous lui
direz de déposer sa plainte contre le charretier
Pierre Chesnelong. Cet homme est un brutal
qui a failli écraser cette femme et son enfant.
Il faut qu'il soit puni. Vous irez ensuite chez
M. Charcellay, rue Montre-de-Champigny. Il se

plaint qu'il y a une gouttière de la maison voisine qui verse l'eau de la pluie chez lui, et qui
affouille les fondations de sa maison. Après
vous constaterez des contraventions de police
qu'on me signale rue Guibourg chez la veuve
Doris, et rue du Garraud-Blanc chez madame
Renée le Bossé, et vous dresserez procès-verbal.
Mais je vous donne-là beaucoup de besogne.
N'allez-vous pas être absent? ne m'avez-vous pas
dit que vous alliez à Arras pour cette affaire
dans huit ou dix jours?...

— Plus tôt que cela, monsieur le maire.

— Quel jour donc?

— Mais je croyais avoir dit à monsieur le
maire que cela se jugeait demain et que je par-
tais par la diligence cette nuit.

M. Madeleine fit un mouvement imperceptible.

— Et combien de temps durera l'affaire?

— Un jour tout au plus. L'arrêt sera prononcé au plus tard demain dans la nuit. Mais
je n'attendrai pas l'arrêt qui ne peut man-

quer; sitôt ma déposition faite, je reviendrai
ici.

— C'est bon, dit M. Madeleine.

Et il congédia Javert d'un signe de main.

Javert ne s'en alla pas.

— Pardon, monsieur le maire, dit-il...

— Qu'est-ce encore? demanda M. Madeleine.

— Monsieur le maire, il me reste une chose
à vous rappeler.

— Laquelle?

— C'est que je dois être destitué.

M. Madeleine se leva.

— Javert, vous êtes un homme d'honneur, et
je vous estime. Vous vous exagérez votre faute.
Ceci d'ailleurs est encore une offense qui me
concerne. Javert, vous êtes digne de monter et
non de descendre. J'entends que vous gardiez
votre place.

Javert regarda M. Madeleine avec sa prunelle candide au fond de laquelle il semblait
qu'on vît cette conscience peu éclairée, mais

rigide et chaste, et il dit d'une voix tranquille :

— Monsieur le maire, je ne puis vous accorder cela.

— Je vous répète, répliqua M. Madeleine, que la chose me regarde.

Mais Javert, attentif à sa seule pensée, contitinua :

—Quant à exagérer, je n'exagère point. Voici comment je raisonne. Je vous ai soupçonné injustement. Cela, ce n'est rien. C'est notre droit à nous autres de soupçonner, quoiqu'il y ait pourtant abus à soupçonner au dessus de soi. Mais, sans preuves, dans un accès de colère, dans le but de me venger, je vous ai dénoncé comme forçat, vous, un homme respectable, un maire, un magistrat! ceci est grave, très grave. J'ai offensé l'autorité dans votre personne, moi agent de l'autorité! Si l'un de mes subordonnés avait fait ce que j'ai fait, je l'aurais déclaré indigne du service et chassé. Eh bien?—Tenez, monsieur le maire, encore un mot. J'ai souvent

été sévère dans ma vie. Pour les autres. C'était
juste. Je faisais bien. Maintenant si je n'étais
pas sévère pour moi, tout ce que j'ai fait de
juste deviendrait injuste. Est-ce que je dois
m'épargner plus que les autres? Non. Quoi, je
n'aurais été bon qu'à châtier autrui et pas moi!
mais je serais un misérable! mais ceux qui
disent : ce gueux de Javert! auraient raison!
Monsieur le maire, je ne souhaite pas que vous
me traitiez avec bonté, votre bonté m'a fait faire
assez de mauvais sang quand elle était pour les
autres, je n'en veux pas pour moi. La bonté qui
consiste à donner raison à la fille publique
contre le bourgeois, à l'agent de police contre
le maire, à celui qui est en bas contre celui qui
est en haut, c'est ce que j'appelle de la mauvaise
bonté. C'est avec cette bonté-là que la société
se désorganise. Mon Dieu! c'est bien facile
d'être bon, le malaisé c'est d'être juste. Allez!
si vous aviez été ce que je croyais, je n'aurais
pas été bon pour vous, moi! vous auriez vu!
Monsieur le maire, je dois me traiter comme je

traiterais tout autre. Quand je réprimais des malfaiteurs, quand je sévissais sur des gredins, je me suis souvent dit à moi-même : toi, si tu bronches, si jamais je te prends en faute, sois tranquille!—J'ai bronché, je me prends en faute, tant pis! Allons, renvoyé, cassé, chassé! c'est bon. J'ai des bras, je travaillerai à la terre, cela m'est égal. Monsieur le maire, le bien du service veut un exemple. Je demande simplement la destitution de l'inspecteur Javert.

Tout cela était prononcé d'un accent humble, fier, désespéré et convaincu qui donnait je ne sais quelle grandeur bizarre à cet étrange honnête homme.

— Nous verrons, fit M. Madeleine.

Et il lui tendit la main.

Javert recula, et dit d'un ton farouche :

— Pardon, monsieur le maire, mais cela ne doit pas être. Un maire ne donne pas la main à un mouchard.

Il ajouta entre ses dents :

— Mouchard, oui; du moment où j'ai mé-

susé de la police, je ne suis plus qu'un mouchard.

Puis il salua profondément, et se dirigea vers
la porte.

Là il se retourna, et les yeux toujours baissés :

— Monsieur le maire, dit-il, je continuerai
le service jusqu'à ce que je sois remplacé.

Il sortit. M. Madeleine resta rêveur, écoutant ce pas ferme et assuré qui s'éloignait sur le
pavé du corridor.

LIVRE SEPTIÈME

L'AFFAIRE CHAMPMATHIEU

.

I

La sœur Simplice

Les incidents qu'on va lire n'ont pas tous été
connus à M.— sur M.—. Mais le peu qui en a
percé a laissé en cette ville un tel souvenir,
que ce serait une grave lacune dans ce livre,

si nous ne les racontions dans leurs moindres détails.

Dans ces détails, le lecteur rencontrera deux ou trois circonstances invraisemblables que nous maintenons par respect pour la vérité.

Dans l'après-midi qui suivit la visite de Javert, M. Madeleine alla voir la Fantine comme d'habitude.

Avant de pénétrer près de Fantine, il fit demander la sœur Simplice.

Les deux religieuses qui faisaient le service de l'infirmerie, dames lazaristes comme toutes les sœurs de charité, s'appelaient sœur Perpétue et sœur Simplice.

La sœur Perpétue était la première villageoise venue, grossièrement sœur de charité, entrée chez Dieu comme on entre en place. Elle était religieuse comme on est cuisinière. Ce type n'est point très rare. Les ordres monastiques acceptent volontiers cette lourde poterie paysanne, aisément façonnée en capucin ou en ursuline. Ces rusticités s'utilisent pour les grosses beso-

gnes de la dévotion. La transition d'un bouvier
à un carme n'a rien de heurté; l'un devient l'autre
sans grand travail; le fond commun d'igno-
rance du village et du cloître est une prépara-
tion toute faite, et met tout de suite le campagnard de plain-pied avec le moine. Un peu
d'ampleur au sarrau, et voilà un froc. La sœur
Perpétue était une forte religieuse, de Marines
près Pontoise, patoisant, psalmodiant, bougon-
nant, sucrant la tisane selon le bigotisme ou
l'hypocrisie du grabataire, brusquant les malades, bourrue avec les mourants, leur jetant
presque Dieu au visage, lapidant l'agonie avec
des prières en colère, hardie, honnête et rou-
geaude.

La sœur Simplice était blanche d'une blancheur de cire. Près de sœur Perpétue, c'était le
cierge à côté de la chandelle. Vincent de Paul
a divinement fixé la figure de la sœur de charité dans ces admirables paroles où il mêle tant
de liberté à tant de servitude : « Elles n'auront
« pour monastère que la maison des malades,

« pour cellule qu'une chambre de louage, pour
« chapelle que l'église de leur paroisse, pour
« cloître que les rues de la ville ou les salles
« des hôpitaux, pour clôture que l'obéissance,
« pour grille que la crainte de Dieu, pour voile
« que la modestie. » Cet idéal était vivant dans
la sœur Simplice. Personne n'eût pu dire l'âge
de la sœur Simplice; elle n'avait jamais été
jeune, et semblait ne devoir jamais être vieille.
C'était une personne, — nous n'osons dire une
femme, — douce, austère, de bonne compagnie,
froide, et qui n'avait jamais menti. Elle était si
douce qu'elle paraissait fragile; plus solide d'ailleurs que le granit. Elle touchait aux malheureux avec de charmants doigts fins et purs. Il y
avait, pour ainsi dire, du silence dans sa parole;
elle parlait juste le nécessaire, et elle avait un son
de voix qui eût tout à la fois édifié un confession-
nal et enchanté un salon. Cette délicatesse s'ac-
commodait de la robe de bure, trouvant à ce
rude contact un rappel continuel du ciel et de
Dieu. Insistons sur un détail. N'avoir jamais

menti, n'avoir jamais dit, pour un intérêt quelconque, même indifféremment, une chose qui
ne fût la vérité, la sainte vérité, c'était le trait
distinctif de la sœur Simplice; c'était l'accent de
sa vertu. Elle était presque célèbre dans la con-
grégation pour cette véracité imperturbable.
L'abbé Sicard parle de la sœur Simplice dans
une lettre au sourd-muet Massieu. Si sincères et
si purs que nous soyions, nous avons tous sur
notre candeur la fêlure du petit mensonge innocent. Elle point. Petit mensonge, mensonge
innocent, est-ce que cela existe? Mentir, c'est
l'absolu du mal. Peu mentir n'est pas possible;
celui qui ment, ment tout le mensonge; mentir,
c'est la face même du démon; Satan a deux
noms, il s'appelle Satan et il s'appelle Mensonge.
Voilà ce qu'elle pensait. Et comme elle pensait,
elle pratiquait. Il en résultait cette blancheur
dont nous avons parlé, blancheur qui couvrait
de son rayonnement même ses lèvres et ses
yeux. Son sourire était blanc, son regard était
blanc. Il n'y avait pas une toile d'araignée, pas

un grain de poussière à la vitre de cette conscience. En entrant dans l'obédience de saint
Vincent de Paul, elle avait pris le nom de Simplice par choix spécial. Simplice de Sicile, on le
sait, est cette sainte qui aima mieux se laisser
arracher les deux seins que de répondre, étant
née à Syracuse, qu'elle était née à Ségeste, mensonge qui la sauvait. Cette patronne convenait
à cette âme.

La sœur Simplice, en entrant dans l'ordre,
avait deux défauts dont elle s'était peu à peu
corrigée; elle avait eu le goût des friandises et
elle avait aimé à recevoir des lettres. Elle ne
lisait jamais qu'un livre de prières en gros
caractères et en latin. Elle ne comprenait pas
le latin, mais elle comprenait le livre.

La pieuse fille avait pris en affection Fantine,
y sentant probablement de la vertu latente, et
s'était dévouée à la soigner presque exclusive-
ment.

M. Madeleine emmena à part la sœur
Simplice et lui recommanda Fantine avec un

accent singulier dont la sœur se souvint plus tard.

En quittant la sœur, il s'approcha de Fantine.

Fantine attendait chaque jour l'apparition de M. Madeleine comme on attend un rayon de chaleur et de joie. Elle disait aux sœurs : — Je ne vis que lorsque monsieur le maire est là.

Elle avait ce jour-là beaucoup de fièvre. Dès qu'elle vit M. Madeleine, elle lui demanda :

— Et Cosette?

Il répondit en souriant :

— Bientôt.

M. Madeleine fut avec Fantine comme à l'ordinaire. Seulement il resta une heure au lieu d'une demi-heure, au grand contentement de Fantine. Il fit mille instances à tout le monde pour que rien ne manquât à la malade. On remarqua qu'il y eut un moment où son visage devint très sombre. Mais cela s'expliqua quand on sut que le médecin s'était penché à son oreille et lui avait dit : — Elle baisse beaucoup.

Puis il rentra à la mairie, et le garçon de
bureau le vit examiner avec attention une carte
routière de France qui était suspendue dans son
cabinet. Il écrivit quelques chiffres au crayon
sur un papier.

II

Perspicacité de maître Scaufflaire

De la mairie il se rendit au bout de la ville
chez un flamand, maître Scaufflaer, francisé
Scaufflaire, qui louait des chevaux et des « cabriolets à volonté. »

Pour aller chez ce Scaufflaire, le plus court

était de prendre une rue peu fréquentée où était
le presbytère de la paroisse que M. Madeleine
habitait. Le curé était, disait-on, un homme
digne et respectable et de bon conseil. A l'instant où M. Madeleine arriva devant le presbytère, il n'y avait dans la rue qu'un passant, et ce
passant remarqua ceci : M. le maire, après avoir
dépassé la maison curiale, s'arrêta, demeura
immobile, puis revint sur ses pas et rebroussa
chemin jusqu'à la porte du presbytère, qui était
une porte bâtarde avec marteau de fer. Il mit
vivement la main au marteau, et le souleva ; puis
il s'arrêta de nouveau, et resta court, et comme
pensif, et, après quelques secondes, au lieu de
laisser brusquement retomber le marteau, il le
reposa doucement, et reprit son chemin avec
une sorte de hâte qu'il n'avait pas auparavant.

M. Madeleine trouva maître Scaufflaire chez
lui occupé à repiquer un harnais.

— Maître Scaufflaire, demanda-t-il, avez-vous
un bon cheval ?

— Monsieur le maire, dit le flamand, tous

mes chevaux sont bons. Qu'entendez-vous par un bon cheval?

— J'entends un cheval qui puisse faire vingt lieues en un jour.

— Diable! fit le flamand, vingt lieues!

— Oui.

— Attelé à un cabriolet?

— Oui.

— Et combien de temps se reposera-t-il après la course?

— Il faut qu'il puisse au besoin repartir le lendemain.

— Pour refaire le même trajet?

— Oui.

— Diable! diable! et c'est vingt lieues?

M. Madeleine tira de sa poche le papier où il avait crayonné des chiffres. Il les montra au flamand. C'était les chiffres 5, 6, 8 $^1/_2$.

— Vous voyez, dit-il. Total, dix-neuf et demi, autant dire vingt lieues.

— Monsieur le maire, reprit le flamand, j'ai votre affaire. Mon petit cheval blanc, vous avez

dû le voir passer quelquefois, c'est une petite
bête du Bas-Boulonnais. C'est plein de feu. On a
voulu d'abord en faire un cheval de selle. Bah! il
ruait, il flanquait tout le monde par terre. On le
croyait vicieux, on ne savait qu'en faire. Je l'ai
acheté. Je l'ai mis au cabriolet. Monsieur, c'est
cela qu'il voulait; il est doux comme une fille, il
va le vent. Ah! par exemple, il ne faudrait pas
lui monter sur le dos. Ce n'est pas son idée
d'être cheval de selle. Chacun a son ambition.
Tirer, oui; porter, non; il faut croire qu'il s'est
dit ça.

— Et il fera la course?

— Vos vingt lieues, toujours grand trot, et
en moins de huit heures. Mais voici à quelles
conditions?

— Dites.

— Premièrement, vous le ferez souffler une
heure à moitié chemin; il mangera, et on sera
là pendant qu'il mangera pour empêcher le garçon de l'auberge de lui voler son avoine; car
j'ai remarqué que dans les auberges l'avoine est

plus souvent bue par les garçons d'écurie que
mangée par les chevaux.

— On sera là.

— Deuxièmement... est-ce pour monsieur le
maire, ce cabriolet?

— Oui.

— Monsieur le maire sait conduire?

— Oui.

— Eh bien, monsieur le maire voyagera seul
et sans bagage afin de ne point charger le
cheval.

— Convenu.

— Mais monsieur le maire, n'ayant personne
avec lui, sera obligé de prendre la peine de
surveiller lui-même l'avoine.

— C'est dit.

— Il me faudra trente francs par jour. Les
jours de repos payés. Pas un liard de moins et
la nourriture de la bête à la charge de monsieur
le maire.

M. Madeleine tira trois napoléons de sa
bourse et les mit sur la table.

— Voilà deux jours d'avance.

— Quatrièmement, pour une course pareille, un cabriolet serait trop lourd et fatiguerait le cheval. Il faudrait que monsieur le maire consentît à voyager dans un petit tilbury que j'ai.

— J'y consens.

— C'est léger, mais c'est découvert.

— Cela m'est égal.

— Monsieur le maire, a-t-il réfléchi que nous sommes en hiver?...

M. Madeleine ne répondit pas; le flamand reprit :

— Qu'il fait très froid?

M. Madeleine garda le silence.

Maître Scaufflaire continua :

— Qu'il peut pleuvoir?

M. Madeleine leva la tête et dit :

— Le tilbury et le cheval seront devant ma porte demain à quatre heures et demie du matin.

— C'est entendu, monsieur le maire, répondit Scaufflaire, puis grattant avec l'ongle de son pouce une tache qui était dans le bois de la

table, il reprit de cet air insouciant que les fla-
mands savent si bien mêler à leur finesse :

— Mais voilà que j'y songe à présent! monsieur le maire ne me dit pas où il va. Où est-ce
que va monsieur le maire?

Il ne songeait pas à autre chose depuis le
commencement de la conversation, mais il ne
savait pourquoi il n'avait pas osé faire cette
question.

— Votre cheval a-t-il de bonnes jambes de
devant? dit M. Madeleine.

— Oui, monsieur le maire. Vous le soutien-
drez un peu dans les descentes. Y a-t-il beaucoup de descentes d'ici où vous allez?

— N'oubliez pas d'être à ma porte à quatre
heures et demie du matin très précises, répondit
M. Madeleine, et il sortit.

Le flamand resta « tout bête, » comme il
disait lui-même quelque temps après.

M. le maire était sorti depuis deux ou trois
minutes, lorsque la porte se rouvrit; c'était
M. le maire.

Il avait toujours le même air impassible et préoccupé.

—Monsieur Scaufflaire, dit-il, à quelle somme estimez-vous le cheval et le tilbury que vous me louerez, l'un portant l'autre?

— L'un traînant l'autre, monsieur le maire, dit le flamand avec un gros rire.

— Soit. Eh bien?

— Est-ce que monsieur le maire veut me les acheter?

— Non, mais à tout événement, je veux vous les garantir. A mon retour vous me rendrez la somme. A combien estimez-vous cabriolet et cheval?

— A cinq cents francs, monsieur le maire.

— Les voici.

M. Madeleine posa un billet de banque sur la table, puis sortit et cette fois ne rentra plus.

Maître Scaufflaire regretta affreusement de n'avoir point dit mille francs. Du reste le cheval et le tilbury, en bloc, valaient cent écus.

Le flamand appela sa femme, et lui conta la chose. Où diable monsieur le maire peut-il aller? Ils tinrent conseil. — Il va à Paris, dit la femme. — Je ne crois pas, dit le mari. M. Madeleine avait oublié sur la cheminée le papier où il avait tracé des chiffres. Le flamand le prit et l'étudia. — Cinq, six, huit et demie? cela doit marquer des relais de poste. Il se tourna vers sa femme : — J'ai trouvé. — Comment? — Il y a cinq lieues d'ici à Hesdin, six de Hesdin à Saint-Pol, huit et demie de Saint-Pol à Arras. Il va à Arras.

Cependant M. Madeleine était rentré chez lui. Pour revenir de chez maître Scaufflaire, il avait pris le plus long, comme si la porte du presbytère avait été pour lui une tentation, et qu'il eût voulu l'éviter. Il était monté dans sa chambre et s'y était enfermé, ce qui n'avait rien que de simple, car il se couchait volontiers de bonne heure. Pourtant la concierge de la fabrique, qui était en même temps l'unique servante de M. Madeleine, observa que sa lumière s'éteignit à huit heures et demie, et elle le dit au caissier qui rentrait, en ajoutant :

— Est-ce que monsieur le maire est malade? je lui ai trouvé l'air un peu singulier.

Ce caissier habitait une chambre située précisément au dessous de la chambre de M. Madeleine. Il ne prit point garde aux paroles de la portière, se coucha et s'endormit. Vers minuit, il se réveilla brusquement; il avait entendu à travers son sommeil un bruit au dessus de sa tête. Il écouta. C'était un pas qui allait et venait, comme si l'on marchait dans la chambre en haut. Il écouta plus attentivement, et reconnut le pas de M. Madeleine. Cela lui parut étrange; habituellement aucun bruit ne se faisait dans la chambre de M. Madeleine avant l'heure de son lever. Un moment après, le caissier entendit quelque chose qui ressemblait à une armoire qu'on ouvre et qu'on referme. Puis on dérangea un meuble, il y eut un silence, et le pas recommença. Le caissier se dressa sur son séant, s'éveilla tout à fait, regarda, et à travers les

vitres de sa croisée aperçut sur le mur d'en face
la réverbération rougeâtre d'une fenêtre éclairée. A la direction des rayons, ce ne pouvait
être que la fenêtre de la chambre de M. Madeleine. La réverbération tremblait comme si elle
venait plutôt d'un feu allumé que d'une lumière.
L'ombre des châssis vitrés ne s'y dessinait pas,
ce qui indiquait que la fenêtre était toute grande
ouverte. Par le froid qu'il faisait, cette fenêtre
ouverte était surprenante. Le caissier se ren-
dormit. Une heure ou deux heures après, il se
réveilla encore. Le même pas, lent et régulier,
allait et venait toujours au dessus de sa tête.

La réverbération se dessinait toujours sur le
mur, mais elle était maintenant pâle et paisible
comme le reflet d'une lampe ou d'une bougie. La
fenêtre était toujours ouverte.

Voici ce qui se passait dans la chambre de
M. Madeleine.

III

Une tempête sous un crâne

.

Le lecteur a sans doute deviné que M. Madeleine n'est autre que Jean Valjean.

Nous avons déjà regardé dans les profondeurs de cette conscience; le moment est venu

d'y regarder encore. Nous ne le faisons pas
sans émotion et sans tremblement. Il n'existe
rien de plus terrifiant que cette sorte de contemplation. L'œil de l'esprit ne peut trouver
nulle part plus d'éblouissements ni plus de ténèbres que dans l'homme; il ne peut se fixer sur
aucune chose qui soit plus redoutable, plus
compliquée, plus mystérieuse et plus infinie. Il
y a un spectacle plus grand que la mer, c'est le
ciel; il y a un spectacle plus grand que le ciel,
c'est l'intérieur de l'âme.

Faire le poème de la conscience humaine, ne
fût-ce qu'à propos d'un seul homme, ne fût-ce
qu'à propos du plus infime des hommes, ce
serait fondre toutes les épopées dans une épopée
supérieure et définitive. La conscience, c'est le
chaos des chimères, des convoitises et des ten-
tatives, la fournaise des rêves, l'antre des idées
dont on a honte; c'est le pandœmonium des
sophismes, c'est le champ de bataille des pas-
sions. A de certaines heures, pénétrez à travers
la face livide d'un être humain qui réfléchit et

regardez derrière, regardez dans cette âme, regardez dans cette obscurité. Il y a là, sous le silence extérieur, des combats de géants comme dans Homère, des mêlées de dragons et d'hydres et des nuées de fantômes comme dans Milton, des spirales visionnaires comme chez Dante. Chose sombre que cet infini que tout homme porte en soi et auquel il mesure avec désespoir les volontés de son cerveau et les actions de sa vie!

Alighieri rencontra un jour une sinistre porte devant laquelle il hésita. En voici une aussi devant nous, au seuil de laquelle nous hésitons. Entrons pourtant.

Nous n'avons que peu de chose à ajouter à ce que le lecteur connaît déjà de ce qui était arrivé à Jean Valjean depuis l'aventure de Petit-Gervais. A partir de ce moment, on l'a vu, il fut un autre homme. Ce que l'évêque avait voulu faire de lui, il l'exécuta. Ce fut plus qu'une transformation, ce fut une transfiguration.

Il réussit à disparaître, vendit l'argenterie de

l'évêque, ne gardant que les flambeaux, comme
souvenir, se glissa de ville en ville, traversa la
France, vint à M.— sur M.—, eut l'idée que
nous avons dite, accomplit ce que nous avons
raconté, parvint à se faire insaisissable et inac-
cessible, et désormais, établi à M.— sur M.—,
heureux de sentir sa conscience attristée par
son passé et la première moitié de son existence
démentie par la dernière, il vécut paisible, ras-
suré et espérant, n'ayant plus que deux pensées :
cacher son nom, et sanctifier sa vie ; échapper
aux hommes et revenir à Dieu.

Ces deux pensées étaient si étroitement mêlées
dans son esprit qu'elles n'en formaient qu'une
seule ; elles étaient toutes deux également absor-
bantes et impérieuses, et dominaient ses moindres actions. D'ordinaire elles étaient d'accord
pour régler la conduite de sa vie ; elles le
tournaient vers l'ombre ; elles le faisaient bienveillant et simple ; elles lui conseillaient les
mêmes choses. Quelquefois cependant il y avait
conflit entre elles. Dans ce cas là, on s'en sou-

vient, l'homme que tout le pays de M.— sur
M.— appelait M. Madeleine, ne balançait pas à
sacrifier la première à la seconde, sa sécurité à
sa vertu. Ainsi, en dépit de toute réserve et de
toute prudence, il avait gardé les chandeliers de
l'évêque, porté son deuil, appelé et interrogé
tous les petits savoyards qui passaient, pris des
renseignements sur les familles de Faverolles,
et sauvé la vie au vieux Fauchelevent, malgré les inquiétantes insinuations de Javert.
Il semblait, nous l'avons déjà remarqué, qu'il
pensât, à l'exemple de tous ceux qui ont été
sages, saints et justes, que son premier devoir
n'était pas envers lui.

Toutefois, il faut le dire, jamais rien de pareil
ne s'était encore présenté.

Jamais les deux idées qui gouvernaient le
malheureux homme dont nous racontons les
souffrances n'avaient engagé une lutte si sé-
rieuse. Il le comprit confusément, mais profondément, dès les premières paroles que prononça Javert, en entrant dans son cabinet. Au

moment où fut si étrangement articulé ce nom qu'il avait enseveli sous tant d'épaisseurs, il fut saisi de stupeur et comme enivré par la sinistre bizarrerie de sa destinée, et à travers cette stupeur, il eut ce tressaillement qui précède les grandes secousses; il se courba comme un chêne à l'approche d'un orage, comme un soldat à l'approche d'un assaut. Il sentit venir sur sa tête des ombres pleines de foudres et d'éclairs. Tout en écoutant Javert, il eut une première pensée d'aller, de courir, de se dénoncer, de tirer ce Champmathieu de prison et de s'y mettre; cela fut douloureux et poignant comme une incision dans la chair vive, puis cela passa, et il se dit : Voyons! voyons! — Il réprima ce premier mouvement généreux et recula devant l'héroïsme.

Sans doute il serait beau qu'après les saintes paroles de l'évêque, après tant d'années de repentir et d'abnégation, au milieu d'une pénitence admirablement commencée, cet homme, même en présence d'une si terrible conjonc-

ture, n'eût pas bronché un instant et eût continué de marcher du même pas vers ce préci-
pice ouvert au fond duquel était le ciel; cela
serait beau, mais cela ne fut pas ainsi. Il faut
bien que nous rendions compte des choses
qui s'accomplissaient dans cette âme, et nous
ne pouvons dire que ce qui y était. Ce qui
l'emporta tout d'abord, ce fut l'instinct de la
conservation; il rallia en hâte ses idées, étouffa
ses émotions, considéra la présence de Javert,
ce grand péril, ajourna toute résolution avec la
fermeté de l'épouvante, s'étourdit sur ce qu'il y
avait à faire, et reprit son calme comme un lutteur ramasse son bouclier.

Le reste de la journée il fut dans cet état, un
tourbillon au dedans, une tranquillité profonde
au dehors; il ne prit que ce qu'on pourrait appeler « les mesures conservatoires. » Tout était
encore confus et se heurtait dans son cerveau;
le trouble y était tel qu'il ne voyait distinctement
la forme d'aucune idée; et lui-même n'aurait pu
rien dire de lui-même, si ce n'est qu'il venait de

recevoir un grand coup. Il se rendit comme
d'habitude près du lit de douleur de Fantine et
prolongea sa visite, par un instinct de bonté, se
disant qu'il fallait agir ainsi et la bien recom-
mander aux sœurs pour le cas où il arriverait
qu'il eût à s'absenter. Il sentit vaguement qu'il
faudrait peut-être aller à Arras; et, sans être
le moins du monde décidé à ce voyage, il se
dit qu'à l'abri de tout soupçon comme il l'était,
il n'y avait point d'inconvénient à être témoin
de ce qui se passerait, et il retint le tilbury de
Scaufflaire, afin d'être préparé à tout événement.

Il dîna avec assez d'appétit.

Rentré dans sa chambre il se recueillit.

Il examina la situation et la trouva inouïe;
tellement inouïe qu'au milieu de sa rêverie, par
je ne sais quelle impulsion d'anxiété presque
inexplicable, il se leva de sa chaise et ferma sa
porte au verrou. Il craignait qu'il n'entrât encore quelque chose. Il se barricadait contre le
possible.

Un moment après il souffla sa lumière. Elle le gênait.

Il lui semblait qu'on pouvait le voir.

Qui, on?

Hélas! ce qu'il voulait mettre à la porte étaḷ entré; ce qu'il voulait aveugler, le regardait. Sa conscience.

Sa conscience, c'est à dire Dieu.

Pourtant, dans le premier moment, il se fit illusion; il eut un sentiment de sûreté et de solitude; le verrou tiré, il se crut imprenable; la chandelle éteinte, il se sentit invisible. Alors il prit possession de lui-même; il posa ses coudes sur la table, appuya la tête sur sa main, et se mit à songer dans les ténèbres.

— Où en suis-je? — Est-ce que je ne rêve pas?—Que m'a-t-on dit? — Est-il bien vrai que j'aie vu ce Javert et qu'il m'ait parlé ainsi? — Que peut être ce Champmathieu? — Il me ressemble donc? — Est-ce possible? — Quand je pense qu'hier j'étais si tranquille et si loin de me douter de rien! — Qu'est-ce que je faisais

donc hier à pareille heure? — Qu'y a-t-il dans
cet incident? — Comment se dénouera-t-il? —
Que faire?

Voilà dans quelle tourmente il était. Son
cerveau avait perdu la force de retenir ses
idées, elles passaient comme des ondes, et il
prenait son front dans ses deux mains pour les
arrêter.

De ce tumulte qui bouleversait sa volonté et
sa raison, et dont il cherchait à tirer une évi-
dence et une résolution, rien ne se dégageait
que l'angoisse.

Sa tête était brûlante. Il alla à la fenêtre et
l'ouvrit toute grande. Il n'y avait pas d'étoiles
au ciel. Il revint s'asseoir près de la table.

La première heure s'écoula ainsi.

Peu à peu cependant des linéaments vagues
commencèrent à se former et à se fixer dans sa
méditation, et il put entrevoir avec la précision
de la réalité, non l'ensemble de la situation,
mais quelques détails.

Il commença par reconnaître que si extraordinaire et si critique que fût cette situation, il en était tout à fait le maître.

Sa stupeur ne fit que s'en accroître.

Indépendamment du but sévère et religieux que se proposaient ses actions, tout ce qu'il avait fait jusqu'à ce jour n'était autre chose qu'un trou qu'il creusait pour y enfouir son nom. Ce qu'il avait toujours le plus redouté, dans ses heures de repli sur lui-même, dans ses nuits d'insomnie, c'était d'entendre jamais prononcer ce nom; il se disait que ce serait là pour lui la fin de tout; que le jour où ce nom reparaîtrait, il ferait évanouir autour de lui sa vie nouvelle, et, qui sait même peut-être? au dedans de lui sa nouvelle âme. Il frémissait de la seule pensée que c'était possible. Certes, si quelqu'un lui eût dit en ces moments-là qu'une heure viendrait où ce nom retentirait à son oreille, où ce hideux mot, Jean Valjean, sortirait tout à coup de la nuit et se dresserait devant lui, où cette lumière formidable faite pour dissiper le mystère dont il s'enveloppait, resplendirait subitement sur sa

tête ; et que ce nom ne le menacerait pas, que
cette lumière ne produirait qu'une obscurité
plus épaisse, que ce voile déchiré accroîtrait le
mystère, que ce tremblement de terre consoli-
derait son édifice, que ce prodigieux incident
n'aurait d'autre résultat, si bon lui semblait, à
lui, que de rendre son existence à la fois plus
claire et plus impénétrable, et que, de sa con-
frontation avec le fantôme de Jean Valjean, le
bon et digne bourgeois monsieur Madeleine sortirait plus honoré, plus paisible et plus respecté
que jamais, — si quelqu'un lui eût dit cela, il eût
hoché la tête et regardé ces paroles comme
insensées. Eh bien ! tout cela venait précisément
d'arriver, tout cet entassement de l'impossible
était un fait, et Dieu avait permis que ces choses
folles devinssent des choses réelles !

Sa rêverie continuait de s'éclaircir. Il se rendait de plus en plus compte de sa position.

Il lui semblait qu'il venait de s'éveiller de je
ne sais quel sommeil, et qu'il se trouvait glis-
sant sur une pente au milieu de la nuit, debout,

frissonnant, reculant en vain, sur le bord extrême
d'un abîme. Il entrevoyait distinctement dans
l'ombre un inconnu, un étranger, que la destinée
prenait pour lui et poussait dans le gouffre à sa
place. Il fallait, pour que le gouffre se refermât,
que quelqu'un y tombât, lui ou l'autre.

Il n'avait qu'à laisser faire.

La clarté devint complète, et il s'avoua ceci :
— Que sa place était vide aux galères, qu'il
avait beau faire, qu'elle l'y attendait toujours,
que le vol de Petit-Gervais l'y ramenait, que
cette place vide l'attendrait et l'attirerait jusqu'à
ce qu'il y fût, que cela était inévitable et fatal.
— Et puis il se dit : — Qu'en ce moment il avait
un remplaçant, qu'il paraissait qu'un nommé
Champmathieu avait cette mauvaise chance, et
que, quant à lui, présent désormais au bagne
dans la personne de ce Champmathieu, présent
dans la société sous le nom de M. Madeleine,
il n'avait plus rien à redouter, pourvu qu'il
n'empêchât pas les hommes de sceller sur la tête
de ce Champmathieu cette pierre de l'infamie

qui, comme la pierre du sépulcre, tombe une fois et ne se relève jamais.

Tout cela était si violent et si étrange qu'il se fit soudain en lui cette espèce de mouvement indescriptible qu'aucun homme n'éprouve plus de deux ou trois fois dans sa vie, sorte de convulsion de la conscience qui remue tout ce que le cœur a de douteux, qui se compose d'ironie, de joie et de désespoir, et qu'on pourrait appeler un éclat de rire intérieur.

Il ralluma brusquement sa bougie.

— Eh bien, quoi! se dit-il, de quoi est-ce que j'ai peur? qu'est-ce que j'ai à songer comme cela? me voilà sauvé! tout est fini. Je n'avais plus qu'une porte entr'ouverte par laquelle mon passé pouvait faire irruption dans ma vie; cette porte, la voilà murée! à jamais! Ce Javert qui me trouble depuis si longtemps, ce redoutable instinct qui semblait m'avoir deviné, qui m'avait deviné, pardieu! et qui me suivait partout, cet affreux chien de chasse toujours en arrêt sur moi, le voilà dérouté, occupé ailleurs, absolument dépisté! Il est satisfait désormais, il me laissera tranquille, il tient son Jean Valjean! Qui sait même, il est probable qu'il voudra quitter la ville! Et tout cela s'est fait sans moi! Et je n'y suis pour rien! Ah ça, mais! Qu'est-ce qu'il y a de malheureux dans ceci? Des gens qui me verraient, parole d'honneur! croiraient qu'il m'est arrivé une catastrophe! Après tout, s'il y a du mal pour quelqu'un, ce n'est aucunement de ma faute. C'est la Providence qui a tout fait. C'est qu'elle veut cela apparemment! Ai-je le droit de déranger ce qu'elle arrange? Qu'est-ce que je demande à présent? De quoi est-ce que je vais me mêler? Cela ne me regarde pas. Comment! Je ne suis pas content! Mais qu'est-ce qu'il me faut donc? Le but auquel j'aspire depuis tant d'années, le songe de mes nuits, l'objet de mes prières au ciel, la sécurité, je l'atteins! C'est Dieu qui le veut. Je n'ai rien à faire contre la volonté de Dieu. Et pourquoi Dieu le veut-il? Pour que je continue ce que j'ai commencé, pour que je fasse le bien, pour que je sois un jour un

grand et encourageant exemple, pour qu'il soit
dit qu'il y a eu enfin un peu de bonheur attaché
à cette pénitence que j'ai subie et à cette vertu
où je suis revenu! Vraiment je ne comprends
pas pourquoi j'ai eu peur tantôt d'entrer chez ce
brave curé et de tout lui raconter comme à un
confesseur, et de lui demander conseil, c'est
évidemment là ce qu'il m'aurait dit. C'est décidé,
laissons aller les choses! laissons faire le bon
Dieu!

Il se parlait ainsi dans les profondeurs de sa
conscience, penché sur ce qu'on pourrait appeler
son propre abîme. Il se leva de sa chaise, et se
mit à marcher dans la chambre.—Allons, dit-il,
n'y pensons plus. Voilà une résolution prise! —
Mais il ne sentit aucune joie.

Au contraire.

On n'empêche pas plus la pensée de revenir à
une idée que la mer de revenir à un rivage.
Pour le matelot, cela s'appelle la marée; pour
le coupable, cela s'appelle le remords. Dieu
soulève l'âme comme l'océan.

Au bout de peu d'instants, il eut beau faire, il reprit ce sombre dialogue dans lequel c'était lui qui parlait et lui qui écoutait, disant ce qu'il eût voulu taire, écoutant ce qu'il n'eût pas voulu entendre, cédant à cette puissance mystérieuse qui lui disait : pense! comme elle disait il y a deux mille ans à un autre condamné : marche!

Avant d'aller plus loin et pour être pleinement compris, insistons sur une observation nécessaire.

Il est certain qu'on se parle à soi-même; il n'est pas un être pensant qui ne l'ait éprouvé. On peut dire même que le Verbe n'est jamais un plus magnifique mystère que lorsqu'il va, dans l'intérieur d'un homme, de la pensée à la conscience et qu'il retourne de la conscience à la pensée. C'est dans ce sens seulement qu'il faut entendre les mots souvent employés dans ce chapitre, *il dit, il s'écria;* on se dit, on se parle, on s'écrie en soi-même, sans que le silence extérieur soit rompu. Il y a un grand tumulte; tout parle en nous, excepté la bouche. Les réalités de l'âme, pour n'être point visibles et palpables, n'en sont pas moins des réalités.

Il se demanda donc où il en était. Il s'interrogea sur cette « résolution prise. » Il se confessa à lui-même que tout ce qu'il venait d'arranger dans son esprit était monstrueux, que « laisser aller les choses, laisser faire le bon Dieu, » c'était tout simplement horrible. Laisser s'accomplir cette méprise de la destinée et des hommes, ne pas l'empêcher, s'y prêter par son silence, ne rien faire enfin, c'était faire tout! c'était le dernier degré de l'indignité hypocrite! c'était un crime bas, lâche, sournois, abject, hideux!

Pour la première fois depuis huit années, le malheureux homme venait de sentir la saveur amère d'une mauvaise pensée et d'une mauvaise action.

Il la recracha avec dégoût.

Il continua de se questionner. Il se demanda sévèrement ce qu'il avait entendu par ceci : « Mon but est atteint! » Il se déclara que sa vie

avait un but en effet. Mais quel but? cacher son
nom? tromper la police? était-ce pour une chose
si petite qu'il avait fait tout ce qu'il avait fait?
est-ce qu'il n'avait pas un autre but, qui était le
grand, qui était le vrai? Sauver, non sa personne, mais son âme. Redevenir honnête et bon.
Être un juste! est-ce que ce n'était pas là surtout, là uniquement, ce qu'il avait toujours
voulu, ce que l'évêque lui avait ordonné? — Fermer la porte à son passé? Mais il ne la fermait
pas, grand Dieu! il la rouvrait en faisant une
action infâme! mais il redevenait un voleur, et
le plus odieux des voleurs! il volait à un autre
son existence, sa vie, sa paix, sa place au soleil!
il devenait un assassin! il tuait, il tuait mo-
ralement un misérable homme, il lui infligeait
cette affreuse mort vivante, cette mort à ciel
ouvert, qu'on appelle le bagne! au contraire, se
livrer, sauver cet homme frappé d'une si lugubre
erreur, reprendre son nom, redevenir par devoir le forçat Jean Valjean, c'était là vraiment
achever sa résurrection, et fermer à jamais l'en-

fer d'où il sortait! y retomber en apparence,
c'était en sortir en réalité! il fallait faire cela! il
n'avait rien fait, s'il ne faisait pas cela! toute sa
vie était inutile, toute sa pénitence était perdue.
Il n'y avait plus qu'à dire : à quoi bon? Il sentait
que l'évêque était là, que l'évêque était d'autant
plus présent qu'il était mort, que l'évêque le
regardait fixement, que désormais le maire
Madeleine avec toutes ses vertus lui serait
abominable et que le galérien Jean Valjean
serait admirable et pur devant lui. Que les
hommes voyaient son masque, mais que l'évêque
voyait sa face. Que les hommes voyaient sa
vie, mais que l'évêque voyait sa conscience.
Il fallait donc aller à Arras, délivrer le faux
Jean Valjean, dénoncer le véritable! Hélas!
c'était là le plus grand des sacrifices, la plus
poignante des victoires, le dernier pas à franchir; mais il le fallait. Douloureuse destinée!
il n'entrerait dans la sainteté aux yeux de
Dieu que s'il rentrait dans l'infamie aux yeux
des hommes!

— Eh bien, dit-il, prenons ce parti! faisons notre devoir. Sauvons cet homme!

Il prononça ces paroles à haute voix, sans s'apercevoir qu'il parlait tout haut.

Il prit ses livres, les vérifia et les mit en ordre. Il jeta au feu une liasse de créances qu'il avait sur de petits commerçants gênés. Il écrivit une lettre qu'il cacheta et sur l'enveloppe de laquelle on aurait pu lire, s'il y avait eu quelqu'un dans sa chambre en cet instant : *A monsieur Laffitte, banquier, rue d'Artois, à Paris.*

Il tira d'un secrétaire un portefeuille qui contenait quelques billets de banque et le passeport dont il s'était servi cette même année pour aller aux élections.

Qui l'eût vu pendant qu'il accomplissait ces divers actes auxquels se mêlait une méditation si grave, ne se fût pas douté de ce qui se passait en lui. Seulement par moments ses lèvres remuaient; dans d'autres instants il relevait la tête et fixait son regard sur un point quelconque de la muraille, comme s'il y avait précisément

là quelque chose qu'il voulait éclaircir ou interroger.

La lettre à M. Laffitte terminée, il la mit dans
sa poche ainsi que le portefeuille, et recommença à marcher.

Sa rêverie n'avait point dévié. Il continuait
de voir clairement son devoir écrit en lettres
lumineuses qui flamboyaient devant ses yeux et
se déplaçaient avec son regard : — *Va! nomme-
toi! dénonce-toi!* —

Il voyait de même, et comme si elles se
fussent mues devant lui avec des formes sen-
sibles, les deux idées qui avaient été jusque là
la double règle de sa vie : cacher son nom,
sanctifier son âme. Pour la première fois, elles
lui apparaissaient absolument distinctes, et il
voyait la différence qui les séparait. Il reconnaissait que l'une de ces idées était nécessairement bonne, tandis que l'autre pouvait devenir mauvaise; que celle-là était le dévouement
et que celle-ci était la personnalité; que l'une
disait : *le prochain*, et que l'autre disait : *moi;*

que l'une venait de la lumière et que l'autre venait de la nuit.

Elles se combattaient. Il les voyait se combattre. A mesure qu'il songeait, elles avaient grandi devant l'œil de son esprit; elles avaient maintenant des statures colossales; et il lui semblait qu'il voyait lutter au dedans de lui-même, dans cet infini dont nous parlions tout à l'heure, au milieu des obscurités et des lueurs, une déesse et une géante.

Il était plein d'épouvante, mais il lui semblait que la bonne pensée l'emportait.

Il sentait qu'il touchait à l'autre moment décisif de sa conscience et de sa destinée; que l'évêque avait marqué la première phase de sa vie nouvelle, et que ce Champmathieu en marquait la seconde. Après la grande crise, la grande épreuve.

Cependant la fièvre, un instant apaisée, lui revenait peu à peu. Mille pensées le traversaient, mais elles continuaient de le fortifier dans sa résolution.

Un moment il s'était dit : — qu'il prenait peut-
être la chose trop vivement, qu'après tout ce
Champmathieu n'était pas intéressant, qu'en
somme il avait volé.

Il se répondit : — Si cet homme a en effet
volé quelques pommes, c'est un mois de prison.
Il y a loin de là aux galères. Et qui sait même?
a-t-il volé? est-ce prouvé? le nom de Jean Valjean l'accable et semble dispenser de preuves.
Les procureurs du roi n'agissent-ils pas habituellement ainsi? On le croit voleur, parce qu'on
le sait forçat.

Dans un autre instant, cette idée lui vint que
lorsqu'il se serait dénoncé, peut-être on considé-
rerait l'héroïsme de son action, et sa vie honnête depuis sept ans, et ce qu'il avait fait pour
le pays, et qu'on lui ferait grâce.

Mais cette supposition s'évanouit bien vite,
et il sourit amèrement en songeant que le vol
des quarante sous à Petit-Gervais le faisait
récidiviste, que cette affaire reparaîtrait certainement et, aux termes précis de la loi,

le ferait passible des travaux forcés à perpétuité.

Il se détourna de toute illusion, se détacha de plus en plus de la terre et chercha la consolation et la force ailleurs. Il se dit qu'il fallait faire son devoir; que peut-être même ne serait-il pas plus malheureux après avoir fait son devoir qu'après l'avoir éludé; que s'il *laissait faire*, s'il restait à M.— sur M.—, sa considération, sa bonne renommée, ses bonnes œuvres, la déférence, la vénération, sa charité, sa richesse, sa popularité, sa vertu, seraient assaisonnées d'un crime, et quel goût auraient toutes ces choses saintes liées à cette chose hideuse? tandis que s'il accomplissait son sacrifice, au bagne, au poteau, au carcan, au bonnet vert, au travail sans relâche, à la honte sans pitié, il se mêlerait une idée céleste!

Enfin il se dit qu'il y avait nécessité, que sa destinée était ainsi faite, qu'il n'était pas maître de déranger les arrangements d'en haut, que dans tous les cas il fallait choisir : ou la vertu au dehors et l'abomination au dedans, ou la sainteté au dedans et l'infamie au dehors.

A remuer tant d'idées lugubres, son courage ne défaillait pas, mais son cerveau se fatiguait. Il commençait à penser malgré lui à d'autres choses, à des choses indifférentes.

Ses artères battaient violemment dans ses tempes. Il allait et venait toujours. Minuit sonna d'abord à la paroisse, puis à la maison-de-ville. Il compta les douze coups aux deux horloges, et il compara le son des deux cloches. Il se rappela à cette occasion que, quelques jours auparavant, il avait vu chez un marchand de ferrailles une vieille cloche à vendre sur laquelle ce nom était écrit : *Antoine Albin de Romainville.*

Il avait froid. Il alluma un peu de feu. Il ne songea pas à fermer la fenêtre.

Cependant il était retombé dans sa stupeur. Il lui fallut faire un assez grand effort pour se rappeler à quoi il songeait avant que minuit sonnât. Il y parvint enfin.

— Ah! oui, se dit-il, j'avais pris la résolution de me dénoncer.

Et puis tout à coup il pensa à la Fantine.

— Tiens! dit-il, et cette pauvre femme!

Ici une crise nouvelle se déclara.

Fantine, apparaissant brusquement dans sa rêverie, y fut comme un rayon d'une lumière inattendue. Il lui sembla que tout changeait d'aspect autour de lui, il s'écria :

— Ah ça, mais! jusqu'ici je n'ai considéré que moi! je n'ai eu égard qu'à ma convenance! Il me convient de me taire ou de me dénoncer, — cacher ma personne ou sauver mon âme, — être un magistrat méprisable et respecté ou un galérien infâme et vénérable, c'est moi, c'est toujours moi, ce n'est que moi! Mais, mon Dieu, c'est de l'égoïsme tout cela! Ce sont des formes diverses de l'égoïsme, mais c'est de l'égoïsme! Si je songeais un peu aux autres? La première sainteté est de penser à autrui. Voyons, examinons! Moi excepté, moi effacé, moi oublié, qu'arrivera-t-il de tout ceci? — Si je me dé-

nonce? on me prend, on lâche ce Champmathieu, on me remet aux galères, c'est bien, et
puis? Que se passe-t-il ici? Ah! ici, il y a un
pays, une ville, des fabriques, une industrie, des
ouvriers, des hommes, des femmes, des vieux
grands-pères, des enfants, des pauvres gens!
J'ai créé tout cela, je fais vivre tout cela; partout où il y a une cheminée qui fume, c'est moi
qui ai mis le tison dans le feu et la viande dans
la marmite; j'ai fait l'aisance, la circulation, le
crédit; avant moi il n'y avait rien; j'ai relevé,
vivifié, animé, fécondé, stimulé, enrichi tout le
pays; moi de moins, c'est l'âme de moins. Je
m'ôte, tout meurt. — Et cette femme qui a
tant souffert, qui a tant de mérites dans sa
chute, dont j'ai causé sans le vouloir tout le
malheur! Et cet enfant que je voulais aller
chercher, que j'ai promis à la mère! Est-ce
que je ne dois pas aussi quelque chose à cette
femme, en réparation du mal que je lui ai fait?
Si je disparais, qu'arrive-t-il? La mère meurt.
L'enfant devient ce qu'il peut. Voilà ce qui se

passe, si je me dénonce. — Si je ne me dénonce
pas? Voyons, si je ne me dénonce pas?

Après s'être fait cette question, il s'arrêta; il
eut comme un moment d'hésitation et de tremblement; mais ce moment dura peu, et il se répondit avec calme :

— Eh bien, cet homme va aux galères, c'est
vrai, mais, que diable! il a volé! J'ai beau me
dire qu'il n'a pas volé, il a volé! Moi, je reste
ici, je continue. Dans dix ans j'aurai gagné dix
millions, je les répands dans le pays, je n'ai
rien à moi, qu'est-ce que cela me fait? Ce n'est pas
pour moi ce que je fais! La prospérité de tous va
croissant, les industries s'éveillent et s'excitent,
les manufactures et les usines se multiplient, les
familles, cent familles, mille familles! sont heureuses; la contrée se peuple; il naît des villages
où il n'y a que des fermes, il naît des fermes
où il n'y a rien; la misère disparaît, et avec la
misère disparaissent la débauche, la prostitution, le vol, le meurtre, tous les vices, tous les
crimes! Et cette pauvre mère élève son enfant!

et voilà tout un pays riche et honnête ! Ah ça,
j'étais fou, j'étais absurde, qu'est-ce que je parlais donc de me dénoncer ? Il faut faire attention, vraiment, et ne rien précipiter. Quoi !
parce qu'il m'aura plu de faire le grand et le
généreux ! — C'est du mélodrame, après tout !
— Parce que je n'aurai songé qu'à moi, qu'à
moi seul, quoi ! pour sauver d'une punition peut-
être un peu exagérée, mais juste au fond, on ne
sait qui, un voleur, un drôle évidemment, il faudra que tout un pays périsse ! il faudra qu'une
pauvre femme crève à l'hôpital ! qu'une pauvre
petite fille crève sur le pavé ! comme des chiens !
Ah ! mais c'est abominable ! Sans même que la
mère ait revu son enfant ! sans que l'enfant ait
presque connu sa mère ! et tout ça pour ce vieux
gredin de voleur de pommes qui, à coup sûr, a
mérité les galères pour autre chose, si ce n'est
pour cela ! Beaux scrupules qui sauvent un coupable et sacrifient des innocents, qui sauvent un
vieux vagabond lequel n'a plus que quelques
années à vivre au bout du compte et ne sera

guère plus malheureux au bagne que dans sa masure, et qui sacrifient toute une population, mères, femmes, enfants! Cette pauvre petite Cosette qui n'a que moi au monde et qui est sans doute en ce moment toute bleue de froid dans le bouge de ces Thénardier! Voilà encore des canailles, ceux-là! Et je manquerais à mes devoirs envers tous ces pauvres êtres! Et je m'en irais me dénoncer! Et je ferais cette inepte sottise! Mettons tout au pis. Supposons qu'il y ait une mauvaise action pour moi dans ceci et que ma conscience me la reproche un jour; accepter, pour le bien d'autrui, ces reproches qui ne chargent que moi, cette mauvaise action qui ne compromet que mon âme, c'est là qu'est le dévouement, c'est là qu'est la vertu.

Il se leva, il se remit à marcher. Cette fois il lui semblait qu'il était content.

On ne trouve les diamants que dans les ténèbres de la terre; on ne trouve les vérités que dans les profondeurs de la pensée. Il lui semblait qu'après être descendu dans ces profon-

deurs, après avoir longtemps tâtonné au plus
noir de ces ténèbres, il venait enfin de trouver
un de ces diamants, une de ces vérités, et qu'il
la tenait dans sa main; et il s'éblouissait à la
regarder.

— Oui, pensa-t-il, c'est cela! Je suis dans le
vrai. J'ai la solution. Il faut finir par s'en tenir à
quelque chose. Mon parti est pris. Laissons
faire! Ne vacillons plus, ne reculons plus. Ceci
est dans l'intérêt de tous, non dans le mien. Je
suis Madeleine, je reste Madeleine. Malheur à
celui qui est Jean Valjean! Ce n'est plus moi. Je
ne connais pas cet homme, je ne sais plus ce que
c'est, s'il se trouve que quelqu'un est Jean Valjean à cette heure, qu'il s'arrange! Cela ne me
regarde pas. C'est un nom de fatalité qui flotte
dans la nuit, s'il s'arrête et s'abat sur une tête,
tant pis pour elle!

Il se regarda dans le petit miroir qui était sur
sa cheminée et dit :

— Tiens! cela m'a soulagé de prendre une
résolution! Je suis tout autre à présent.

Il marcha encore quelques pas, puis il s'arrêta court :

— Allons! dit-il, il ne faut hésiter devant aucune des conséquences de la résolution prise. Il y a encore des fils qui m'attachent à ce Jean Valjean. Il faut les briser! Il y a, dans cette chambre même, des objets qui m'accuseraient, des choses muettes qui seraient des témoins, c'est dit, il faut que tout cela disparaisse.

Il fouilla dans sa poche, en tira sa bourse, l'ouvrit et y prit une petite clef.

Il introduisit cette clef dans une serrure dont on voyait à peine le trou, perdu qu'il était dans les nuances les plus sombres du dessin qui couvrait le papier collé sur le mur. Une cachette s'ouvrit; une espèce de fausse armoire ménagée entre l'angle de la muraille et le manteau de la cheminée. Il n'y avait dans cette cachette que quelques guenilles : un sarrau de toile bleue, un vieux pantalon, un vieux havresac et un gros bâton d'épine ferré aux deux bouts. Ceux

qui avaient vu Jean Valjean à l'époque où il traversait D.—, en octobre 1815, eussent aisément
reconnu toutes les pièces de ce misérable accou-
trement.

Il les avait conservées comme il avait con-
servé les chandeliers d'argent, pour se rappeler
toujours son point de départ. Seulement il
cachait ceci qui venait du bagne, et il laissait
voir les flambeaux qui venaient de l'évêque.

Il jeta un regard furtif vers la porte, comme
s'il eût craint qu'elle ne s'ouvrît malgré le verrou qui la fermait ; puis d'un mouvement vif et
brusque et d'une seule brassée, sans même donner un coup d'œil à ces choses qu'il avait si reli-
gieusement et si périlleusement gardées pendant tant d'années, il prit tout, haillons, bâton,
havresac, et jeta tout au feu.

Il referma la fausse armoire, et, redoublant
de précautions, désormais inutiles, puisqu'elle
était vide, en cacha la porte derrière un gros
meuble qu'il y poussa.

Au bout de quelques secondes, la chambre et

le mur d'en face furent éclairés d'une grande réverbération rouge et tremblante. Tout brûlait; le bâton d'épine pétillait et jetait des étincelles jusqu'au milieu de la chambre.

Le havresac, en se consumant avec d'affreux chiffons qu'il contenait, avait mis à nu quelque chose qui brillait dans la cendre. En se penchant, on eût aisément reconnu une pièce d'argent. Sans doute la pièce de quarante sous volée au petit savoyard.

Lui ne regardait pas le feu et marchait, allant et venant toujours du même pas.

Tout à coup ses yeux tombèrent sur les deux flambeaux d'argent que la réverbération faisait reluire vaguement sur la cheminée.

— Tiens! pensa-t-il; tout Jean Valjean est encore là dedans. Il faut aussi détruire cela.

Il prit les deux flambeaux.

Il y avait assez de feu pour qu'on pût les déformer promptement et en faire une sorte de lingot méconnaissable.

Il se pencha sur le foyer et s'y chauffa un

instant. Il eut un vrai bien-être. — La bonne chaleur! dit-il.

Il remua le brasier avec un des deux chandeliers.

Une minute de plus, et ils étaient dans le feu.

En ce moment, il lui sembla qu'il entendait une voix qui criait au dedans de lui : — Jean Valjean! Jean Valjean!

Ses cheveux se dressèrent; il devint comme un homme qui écoute une chose terrible :

— Oui, c'est cela, achève! disait la voix. Complète ce que tu fais! détruis ces flambeaux! anéantis ce souvenir! oublie l'évêque! oublie tout! perds ce Champmathieu, va! c'est bien. Applaudis-toi! Ainsi, c'est convenu, c'est résolu, c'est dit, voilà un homme, voilà un vieillard qui ne sait ce qu'on lui veut, qui n'a rien fait peut-être, un innocent, dont ton nom fait tout le malheur, sur qui ton nom pèse comme un crime, qui va être pris pour toi, qui va être condamné, qui va finir ses jours dans l'abjection et dans l'horreur! c'est bien. Sois honnête homme, toi.

Reste monsieur le maire, reste honorable et honoré, enrichis la ville, nourris des indigents, élève des orphelins, vis heureux, vertueux et admiré, et pendant ce temps-là, pendant que tu seras ici dans la joie et dans la lumière, il y aura quelqu'un qui aura ta casaque rouge, qui portera ton nom dans l'ignominie et qui traînera ta chaîne au bagne! Oui, c'est bien arrangé ainsi! Ah! misérable!

La sueur lui coulait du front. Il attachait sur les flambeaux un œil hagard. Cependant ce qui parlait en lui n'avait pas fini. La voix continuait :

— Jean Valjean! il y aura autour de toi beaucoup de voix qui feront un grand bruit, qui parleront bien haut, et qui te béniront, et une seule que personne n'entendra et qui te maudira dans les ténèbres. Eh bien! écoute, infâme! toutes ces bénédictions retomberont avant d'arriver au ciel, et il n'y aura que la malédiction qui montera jusqu'à Dieu!

Cette voix, d'abord toute faible et qui s'était

élevée du plus obscur de sa conscience, était
devenue par degrés éclatante et formidable, et
il l'entendait maintenant à son oreille. Il lui
semblait qu'elle était sortie de lui-même et
qu'elle parlait à présent en dehors de lui. Il crut
entendre les dernières paroles si distinctement
qu'il regarda dans la chambre avec une sorte de
terreur.

— Y a-t-il quelqu'un ici? demanda-t-il à haute
voix et tout égaré.

Puis il reprit avec un rire qui ressemblait au
rire d'un idiot :

— Que je suis bête! il ne peut y avoir personne.

Il y avait quelqu'un; mais celui qui y était
n'était pas de ceux que l'œil humain peut voir.

Il posa les flambeaux sur la cheminée.

Alors il reprit cette marche monotone et lugubre qui troublait dans ses rêves et réveillait en
sursaut l'homme endormi au dessous de lui.

Cette marche le soulageait et l'enivrait en
même temps. Il semble parfois que dans les occa-

sions suprêmes on se remue pour demander conseil à tout ce qu'on peut rencontrer en se dépla-
çant. Au bout de quelques instants il ne savait
plus où il en était.

Il reculait maintenant avec une égale épouvante devant les deux résolutions qu'il avait
prises tour à tour. Les deux idées qui le conseillaient lui paraissaient aussi funestes l'une
que l'autre. — Quelle fatalité! quelle rencontre
que ce Champmathieu pris pour lui! Être préci-
pité justement par le moyen que la Providence
paraissait d'abord avoir employé pour l'affer-
mir!

Il y eut un moment où il considéra l'avenir.
Se dénoncer, grand Dieu! se livrer! Il envisagea
avec un immense désespoir tout ce qu'il faudrait
quitter, tout ce qu'il faudrait reprendre. Il faudrait donc dire adieu à cette existence si bonne,
si pure, si radieuse, à ce respect de tous, à
l'honneur, à la liberté! Il n'irait plus se promener dans les champs, il n'entendrait plus chanter les oiseaux au mois de mai, il ne ferait plus

l'aumône aux petits enfants! Il ne sentirait plus
la douceur des regards de reconnaissance et
d'amour fixés sur lui! Il quitterait cette maison
qu'il avait bâtie! cette petite chambre! Tout lui
paraissait charmant à cette heure. Il ne lirait
plus dans ces livres, il n'écrirait plus sur cette
petite table de bois blanc! Sa vieille portière,
la seule servante qu'il eût, ne lui monterait plus
son café le matin! Grand Dieu! au lieu de cela,
la chiourme, le carcan, la veste rouge, la chaîne
au pied, la fatigue, le cachot, le lit de camp,
toutes ces horreurs connues! A son âge, après
avoir été ce qu'il était! Si encore il était jeune!
Mais vieux, être tutoyé par le premier venu,
être fouillé par le garde-chiourme, recevoir le
coup de bâton de l'argousin! Avoir les pieds
nus dans des souliers ferrés! Tendre matin et
soir sa jambe au marteau du rondier qui visite
la manille! Subir la curiosité des étrangers
auxquels on dirait : *Celui-là, c'est le fameux Jean*
Valjean, qui a été maire à M.— sur M.—! Le soir,
ruisselant de sueur, accablé de lassitude, le

bonnet vert sur les yeux, remonter deux à deux,
sous le fouet du sergent, l'escalier-échelle du
bagne flottant! Oh! quelle misère! La destinée
peut-elle donc être méchante comme un être
intelligent et devenir monstrueuse comme le
cœur humain?

Et, quoi qu'il fît, il retombait toujours sur
ce poignant dilemme qui était au fond de sa
rêverie : — Rester dans le paradis et y devenir démon! Rentrer dans l'enfer et y devenir
ange!

Que faire, grand Dieu! que faire?

La tourmente dont il était sorti avec tant de
peine se déchaîna de nouveau en lui. Ses idées
recommencèrent à se mêler. Elles prirent ce je
ne sais quoi de stupéfié et de machinal qui est
propre au désespoir. Le nom de Romainville
lui revenait sans cesse à l'esprit avec deux vers
d'une chanson qu'il avait entendue autrefois. Il
songeait que Romainville est un petit bois près
Paris où les jeunes gens amoureux vont cueillir
des lilas au mois d'avril.

Il chancelait au dehors comme au dedans.
Il marchait comme un petit enfant qu'on laisse
aller seul.

A de certains moments, luttant contre sa lassitude, il faisait effort pour ressaisir son intelligence. Il tâchait de se poser une dernière fois,
et définitivement, le problème sur lequel il était
en quelque sorte tombé d'épuisement. Faut-il se
dénoncer? Faut-il se taire? — Il ne réussissait
à rien voir de distinct. Les vagues aspects de
tous les raisonnements ébauchés par sa rêverie
tremblaient et se dissipaient l'un après l'autre
en fumée. Seulement il sentait que, à quelque
parti qu'il s'arrêtât, nécessairement, et sans qu'il
fût possible d'y échapper, quelque chose de lui
allait mourir; qu'il entrait dans un sépulcre à
droite comme à gauche; qu'il accomplissait une
agonie, l'agonie de son bonheur ou l'agonie de
sa vertu.

Hélas! toutes ses irrésolutions l'avaient repris. Il n'était pas plus avancé qu'au commencement.

Ainsi se débattait sous l'angoisse cette malheureuse âme. Dix-huit cents ans avant cet
homme infortuné, l'être mystérieux, en qui se
résument toutes les saintetés et toutes les souffrances de l'humanité, avait aussi lui, pendant
que les oliviers frémissaient au vent farouche
de l'infini, longtemps écarté de la main l'effrayant
calice qui lui apparaissait ruisselant d'ombre et
débordant de ténèbres dans des profondeurs
pleines d'étoiles.

IV

Formes que prend la souffrance pendant le sommeil

Trois heures du matin venaient de sonner, et il y avait cinq heures qu'il marchait ainsi, presque sans interruption, lorsqu'il se laissa tomber sur sa chaise.

Il s'y endormit et fit un rêve.

Ce rêve, comme la plupart des rêves, ne se rapportait à la situation que par je ne sais quoi de funeste et de poignant, mais il lui fit impression. Ce cauchemar le frappa tellement que plus tard il l'a écrit. C'est un des papiers écrits de sa main qu'il a laissés. Nous croyons devoir transcrire ici cette chose textuellement.

Quel que soit ce rêve, l'histoire de cette nuit serait incomplète si nous l'omettions. C'est la sombre aventure d'une âme malade.

Le voici. Sur l'enveloppe nous trouvons cette ligne écrite : *le rêve que j'ai eu cette nuit-là.*

« J'étais dans une campagne. Une grande « campagne triste où il n'y avait pas d'herbe. Il « ne me semblait pas qu'il fît jour ni qu'il fît « nuit.

« Je me promenais avec mon frère, le frère « de mes années d'enfance, ce frère auquel je « dois dire que je ne pense jamais et dont je ne « me souviens presque plus.

« Nous causions, et nous rencontrions des passants. Nous parlions d'une voisine que nous avions eue autrefois, et qui, depuis qu'elle demeurait sur la rue, travaillait la fenêtre toujours ouverte. Tout en causant, nous avions froid à cause de cette fenêtre ouverte.

« Il n'y avait pas d'arbres dans la campagne.

« Nous vîmes un homme qui passa près de nous. C'était un homme tout nu couleur de cendre monté sur un cheval couleur de terre. L'homme n'avait pas de cheveux; on voyait son crâne et des veines sur son crâne. Il tenait à la main une baguette qui était souple comme un sarment de vigne et lourde comme du fer. Ce cavalier passa et ne nous dit rien.

« Mon frère me dit : prenons par le chemin creux.

« Il y avait un chemin creux où l'on ne voyait pas une broussaille ni un brin de mousse. Tout était couleur de terre, même le ciel. Au bout de quelques pas, on ne me répondit plus

« quand je parlais. Je m'aperçus que mon frère
« n'était plus avec moi.

« J'entrai dans un village que je vis. Je son-
« geai que ce devait être là Romainville (pour-
« quoi Romainville?) (*).

« La première rue où j'entrai était déserte.
« J'entrai dans une seconde rue. Derrière l'angle
« que faisaient les deux rues, il y avait un
« homme debout contre le mur. Je dis à cet
« homme : quel est ce pays? Où suis-je? L'homme
« ne répondit pas. Je vis la porte d'une maison
« ouverte, j'y entrai.

« La première chambre était déserte. J'entrai
« dans la seconde. Derrière la porte de cette
« chambre, il y avait un homme debout contre
« le mur. Je demandai à cet homme : — à qui
« est cette maison? Où suis-je? L'homme ne
« répondit pas. La maison avait un jardin.

« Je sortis de la maison et j'entrai dans le
« jardin. Le jardin était désert. Derrière le

(*) Cette parenthèse est de la main de Jean Valjean.

« premier arbre, je trouvai un homme qui se
« tenait debout. Je dis à cet homme : quel
« est ce jardin? Où suis-je? L'homme ne répon-
« dit pas.

  « J'errai dans le village, et je m'aperçus que
« c'était une ville. Toutes les rues étaient dé-
« sertes, toutes les portes étaient ouvertes.
« Aucun être vivant ne passait dans les rues,
« ne marchait dans les chambres ou ne se
« promenait dans les jardins. Mais il y avait
« derrière chaque angle de mur, derrière chaque
« porte, derrière chaque arbre, un homme de-
« bout qui se taisait. On n'en voyait jamais qu'un
« à la fois. Ces hommes me regardaient passer.

  « Je sortis de la ville et je me mis à marcher
« dans les champs.

  « Au bout de quelque temps, je me retournai,
« et je vis une grande foule qui venait derrière
« moi. Je reconnus tous les hommes que j'avais
« vus dans la ville. Ils avaient des têtes
« étranges. Ils ne semblaient pas se hâter, et
« cependant ils marchaient plus vite que moi.

« Ils ne faisaient aucun bruit en marchant. En
« un instant, cette foule me rejoignit et m'en-
« toura. Les visages de ces hommes étaient
« couleur de terre.

« Alors le premier que j'avais vu et ques-
« tionné en entrant dans la ville, me dit : — Où
« allez-vous? Est-ce que vous ne savez pas que
« vous êtes mort depuis longtemps?

« J'ouvris la bouche pour répondre, et je
« m'aperçus qu'il n'y avait personne autour de
« moi. »

Il se réveilla. Il était glacé. Un vent qui était
froid comme le vent du matin, faisait tourner
dans leurs gonds les châssis de la croisée restée
ouverte. Le feu s'était éteint. La bougie touchait à sa fin. Il était encore nuit noire.

Il se leva, il alla à la fenêtre. Il n'y avait toujours pas d'étoiles au ciel.

De sa fenêtre on voyait la cour de la maison
et la rue. Un bruit sec et dur qui résonna tout à
coup sur le sol lui fit baisser les yeux.

Il vit au dessous de lui deux étoiles rouges dont les rayons s'allongeaient et se raccourcissaient bizarrement dans l'ombre.

Comme sa pensée était encore à demi submergée dans la brume des rêves : —Tiens! songea-t-il, il n'y en a pas dans le ciel. Elles sont sur la terre maintenant.

Cependant ce trouble se dissipa, un second bruit pareil au premier acheva de le réveiller, il regarda, et il reconnut que ces deux étoiles étaient les lanternes d'une voiture. A la clarté qu'elles jetaient, il put distinguer la forme de cette voiture. C'était un tilbury attelé d'un petit cheval blanc. Le bruit qu'il avait entendu, c'était les coups de pied du cheval sur le pavé.

— Qu'est-ce que c'est que cette voiture? se dit-il. Qui est-ce qui vient donc si matin?

En ce moment on frappa un petit coup à la porte de sa chambre.

Il frissonna de la tête aux pieds, et cria d'une voix terrible :

— Qui est là?

Quelqu'un répondit :

— Moi, monsieur le maire.

Il reconnut la voix de la vieille femme, sa portière.

— Eh bien, reprit-il, qu'est-ce que c'est?

— Monsieur le maire, il est tout à l'heure cinq heures du matin.

— Qu'est-ce que cela me fait?

— Monsieur le maire, c'est le cabriolet.

— Quel cabriolet?

— Le tilbury.

— Quel tilbury?

— Est-ce que monsieur le maire n'a pas fait demander un tilbury?

— Non, dit-il.

— Le cocher dit qu'il vient chercher monsieur le maire.

— Quel cocher?

— Le cocher de M. Scaufflaire.

— M. Scaufflaire!

Ce nom le fit tressaillir comme si un éclair lui eût passé devant la face.

— Ah oui! reprit-il, M. Scaufflaire!

Si la vieille femme l'eût pu voir en ce moment, elle eût été épouvantée.

Il se fit un assez long silence. Il examinait
d'un air stupide la flamme de la bougie et prenait autour de la mèche de la cire brûlante qu'il
roulait dans ses doigts. La vieille attendait.
Elle se hasarda pourtant à élever encore la
voix :

— Monsieur le maire, que faut-il que je ré-
ponde?

— Dites que c'est bien, et que je descends.

V

Bâtons dans les roues

Le service des postes d'Arras à M.— sur
M.— se faisait encore à cette époque par de
petites malles du temps de l'empire. Ces malles
étaient des cabriolets à deux roues tapissés de

cuir fauve au dedans, suspendus sur des res-
sorts à pompe, et n'ayant que deux places, l'une
pour le courrier, l'autre pour le voyageur. Les
roues étaient armées de ces longs moyeux offen-
sifs qui tiennent les autres voitures à distance
et qu'on voit encore sur les routes d'Allemagne.
Le coffre aux dépêches, immense boîte oblongue,
était placé derrière le cabriolet et faisait corps
avec lui. Ce coffre était peint en noir et le
cabriolet en jaune.

Ces voitures, auxquelles rien ne ressemble
aujourd'hui, avaient je ne sais quoi de difforme
et de bossu, et quand on les voyait passer de
loin et ramper dans quelque route à l'horizon,
elles ressemblaient à ces insectes qu'on appelle,
je crois, termites, et qui, avec un petit corsage,
traînent un gros arrière-train. Elles allaient du
reste, fort vite. La malle partie d'Arras toutes
les nuits à une heure, après le passage du
courrier de Paris, arrivait à M.— sur M.—
un peu avant cinq heures du matin.

Cette nuit-là, la malle qui descendait à M. —

sur M. — par la route de Hesdin accrocha au
tournant d'une rue, au moment où elle entrait
dans la ville, un petit tilbury attelé d'un cheval
blanc, qui venait en sens inverse et dans lequel
il n'y avait qu'une personne, un homme enveloppé d'un manteau. La roue du tilbury reçut
un choc assez rude. Le courrier cria à cet
homme d'arrêter, mais le voyageur n'écouta pas,
et continua sa route au grand trot.

—Voilà un homme diablement pressé! dit le
courrier.

L'homme qui se hâtait ainsi, c'est celui que
nous venons de voir se débattre dans des con-
vulsions dignes à coup sûr de pitié.

Où allait-il? Il n'eût pu le dire. Pourquoi se
hâtait-il? Il ne savait. Il allait au hasard devant
lui. Où? A Arras sans doute; mais il allait peut-
être ailleurs aussi. Par moments il le sentait,
et il tressaillait. Il s'enfonçait dans cette nuit
comme dans un gouffre. Quelque chose le poussait, quelque chose l'attirait. Ce qui se passait
en lui, personne ne pourrait le dire, tous le

comprendront. Quel homme n'est entré, au moins une fois en sa vie, dans cette obscure caverne de l'inconnu?

Du reste il n'avait rien résolu, rien décidé, rien arrêté, rien fait. Aucun des actes de sa conscience n'avait été définitif. Il était plus que jamais comme au premier moment.

Pourquoi allait-il à Arras?

Il se répétait ce qu'il s'était déjà dit en retenant le cabriolet de Scaufflaire,—que, quel que dût être le résultat, il n'y avait aucun inconvénient à voir de ses yeux, à juger les choses par lui-même; — que cela même était prudent, qu'il fallait savoir ce qui se passerait; — qu'on ne pouvait rien décider sans avoir observé et scruté; — que de loin on se faisait des montagnes de tout; — qu'au bout du compte, lorsqu'il aurait vu ce Champmathieu, quelque misérable, sa conscience serait probablement fort soulagée de le laisser aller au bagne à sa place; — qu'à la vérité il y aurait là Javert et ce Brevet, ce Chenildieu, ce Cochepaille, anciens forçats qui l'avaient connu; mais qu'à coup sûr ils ne le reconnaîtraient pas; — bah! quelle idée! — Que Javert en était à cent lieues; — que toutes les conjectures et toutes les suppositions étaient fixées sur ce Champmathieu, et que rien n'est entêté comme les suppositions et les conjectures; — qu'il n'y avait donc aucun danger.

Que sans doute c'était un moment noir, mais qu'il en sortirait; — qu'après tout il tenait sa destinée, si mauvaise qu'elle voulût être, dans sa main, — qu'il en était le maître. Il se cramponnait à cette pensée.

Au fond, pour tout dire, il eût mieux aimé ne point aller à Arras.

Cependant il y allait.

Tout en songeant, il fouettait le cheval, lequel trottait de ce bon trot réglé et sûr qui fait deux lieues et demie à l'heure.

A mesure que le cabriolet avançait, il sentait quelque chose en lui qui reculait.

Au point du jour il était en rase campagne;

la ville de M. — sur M. — était assez loin derrière lui. Il regarda l'horizon blanchir; il regarda, sans les voir, passer devant ses yeux
toutes les froides figures d'une aube d'hiver. Le
matin a ses spectres comme le soir. Il ne les
voyait pas, mais, à son insu, et par une sorte
de pénétration presque physique, ces noires sil-
houettes d'arbres et de collines ajoutaient à
l'état violent de son âme je ne sais quoi de
morne et de sinistre.

Chaque fois qu'il passait devant une de ces
maisons isolées qui côtoient parfois les routes,
il se disait : il y a pourtant là dedans des gens
qui dorment!

Le trot du cheval, les grelots du harnais, les
roues sur le pavé, faisaient un bruit doux et
monotone. Ces choses-là sont charmantes quand
on est joyeux et lugubres quand on est triste.

Il était grand jour lorsqu'il arriva à Hesdin.
Il s'arrêta devant une auberge pour laisser souffler le cheval et lui faire donner l'avoine.

Ce cheval était, comme l'avait dit Scaufflaire,

de cette petite race du Boulonnais qui a trop de tête, trop de ventre et pas assez d'encolure, mais qui a le poitrail ouvert, la croupe large, la jambe sèche et fine et le pied solide ; race laide, mais robuste et saine. L'excellente bête avait fait cinq lieues en deux heures et n'avait pas une goutte de sueur sur la croupe.

Il n'était pas descendu du tilbury. Le garçon d'écurie qui apportait l'avoine se baissa tout à coup et examina la roue de gauche.

— Allez-vous loin comme cela? dit cet homme.

Il répondit, presque sans sortir de sa rêverie :

— Pourquoi?

— Venez-vous de loin? reprit le garçon.

— De cinq lieues d'ici.

— Ah!

— Pourquoi dites-vous : ah?

Le garçon se pencha de nouveau, resta un moment silencieux, l'œil fixé sur la roue, puis se redressa en disant :

— C'est que voilà une roue qui vient de faire

cinq lieues, c'est possible, mais qui à coup sûr
ne fera pas maintenant un quart de lieue.

Il sauta à bas du tilbury.

— Que dites-vous là, mon ami?

— Je dis que c'est un miracle que vous ayez
fait cinq lieues sans rouler, vous et votre cheval,
dans quelque fossé de la grande route. Regardez
plutôt.

La roue en effet était gravement endom-
magée. Le choc de la malle-poste avait fendu
deux rayons et labouré le moyeu dont l'écrou
ne tenait plus.

— Mon ami, dit-il au garçon d'écurie, il y a
un charron ici?

— Sans doute, monsieur.

— Rendez-moi le service de l'aller chercher.

— Il est là à deux pas. Hé! maître Bourgaillard!

Maître Bourgaillard, le charron, était sur le
seuil de sa porte. Il vint examiner la roue et fit
la grimace d'un chirurgien qui considère une
jambe cassée.

— Pouvez-vous raccommoder cette roue sur-le-champ?

— Oui, monsieur.

— Quand pourrai-je repartir?

— Demain.

— Demain!

— Il y a une grande journée d'ouvrage. Est-ce que monsieur est pressé?

— Très pressé. Il faut que je reparte dans une heure au plus tard.

— Impossible, monsieur.

— Je paierai tout ce qu'on voudra.

— Impossible.

— Eh bien! dans deux heures.

— Impossible pour aujourd'hui. Il faut refaire deux raies et un moyeu. Monsieur ne pourra repartir avant demain.

— L'affaire que j'ai ne peut attendre à demain. Si, au lieu de raccommoder cette roue, on la remplaçait?

— Comment cela?

— Vous êtes charron?

— Sans doute, monsieur.

— Est-ce que vous n'avez pas une roue à me vendre? je pourrais repartir tout de suite.

— Une roue de rechange?

— Oui.

— Je n'ai pas une roue toute faite pour votre cabriolet. Deux roues font la paire. Deux roues ne vont pas ensemble au hasard.

— En ce cas, vendez-moi une paire de roues.

— Monsieur, toutes les roues ne vont pas à tous les essieux.

— Essayez toujours.

— C'est inutile, monsieur. Je n'ai à vendre que des roues de charrette. Nous sommes un petit pays ici.

— Auriez-vous un cabriolet à me louer?

Le maître charron, du premier coup d'œil, avait reconnu que le tilbury était une voiture de louage. Il haussa les épaules.

—Vous les arrangez bien, les cabriolets qu'on vous loue! j'en aurais un que je ne vous le louerais pas.

— Eh bien, à me vendre?

— Je n'en ai pas.

—Quoi! pas une carriole! je ne suis pas difficile, comme vous voyez.

— Nous sommes un petit pays. J'ai bien là
sous la remise, ajouta le charron, une vieille
calèche qui est à un bourgeois de la ville qui
me l'a donnée en garde et qui s'en sert tous les
trente-six du mois. Je vous la louerais bien,
qu'est-ce que cela me fait? mais il ne faudrait
pas que le bourgeois la vît passer, et puis, c'est
une calèche; il faudrait deux chevaux.

— Je prendrai des chevaux de poste.

— Où va monsieur?

— A Arras.

— Et monsieur veut arriver aujourd'hui?

— Mais oui.

— En prenant des chevaux de poste?

— Pourquoi pas?

— Est-il égal à monsieur d'arriver cette nuit
à quatre heures du matin?

— Non, certes.

— C'est que, voyez-vous bien, il y a une chose
à dire, en prenant des chevaux de poste... —
Monsieur a son passeport?

— Oui.

— Eh bien, en prenant des chevaux de poste,
monsieur n'arrivera pas à Arras avant demain.
Nous sommes un chemin de traverse. Les relais
sont mal servis, les chevaux sont aux champs.
C'est la saison des grandes charrues qui commence; il faut de forts attelages, et l'on prend
les chevaux partout, à la poste comme ailleurs.
Monsieur attendra au moins trois ou quatre
heures à chaque relai. Et puis on va au pas. Il
y a beaucoup de côtes à monter.

— Allons, j'irai à cheval. Dételez le cabriolet. On me vendra bien une selle dans le
pays.

— Sans doute, mais ce cheval-ci endure-t-il la
selle?

— C'est vrai, vous m'y faites penser, il ne
l'endure pas.

— Alors...

— Mais je trouverai bien dans le village un cheval à louer?

— Un cheval pour aller à Arras d'une traite!

— Oui.

— Il faudrait un cheval comme on n'en a pas dans nos endroits. Il faudrait l'acheter d'abord, car on ne vous connaît pas. Mais ni à vendre ni à louer, ni pour cinq cents francs, ni pour mille, vous ne le trouveriez pas!

— Comment faire?

— Le mieux, là, en honnête homme, c'est que je raccommode la roue et que vous remettiez votre voyage à demain.

— Demain il sera trop tard.

— Dame!

— N'y a-t-il pas la malle-poste qui va à Arras? Quand passe-t-elle?

— La nuit prochaine. Les deux malles font le service la nuit, celle qui monte comme celle qui descend.

— Comment! il vous faut une journée pour raccommoder cette roue?

— Une journée, et une bonne !

— En mettant deux ouvriers ?

— En en mettant dix !

— Si on liait les rayons avec des cordes ?

— Les rayons, oui ; le moyeu, non. Et puis la jante aussi est en mauvais état.

— Y a-t-il un loueur de voitures dans la ville ?

— Non.

— Y a-t-il un autre charron ?

Le garçon d'écurie et le maître charron répondirent en même temps en hochant la tête :

— Non.

Il sentit une immense joie.

Il était évident que la Providence s'en mêlait. C'était elle qui avait brisé la roue du tilbury et qui l'arrêtait en route. Il ne s'était pas rendu à cette espèce de première sommation ; il venait de faire tous les efforts possibles pour continuer son voyage ; il avait loyalement et scrupuleusement épuisé tous les moyens ; il n'avait reculé ni devant la saison, ni devant la fatigue, ni devant la dépense ; il n'avait rien à se reprocher. S'il n'allait pas plus loin, cela ne le regardait plus! Ce n'était plus sa faute, c'était, non le fait de sa conscience, mais le fait de la Providence.

Il respira. Il respira librement et à pleine poitrine pour la première fois depuis la visite de Javert. Il lui semblait que le poignet de fer qui lui serrait le cœur depuis vingt heures, venait de le lâcher.

Il lui paraissait que maintenant Dieu était pour lui, et se déclarait.

Il se dit qu'il avait fait tout ce qu'il pouvait, et qu'à présent il n'avait qu'à revenir sur ses pas, tranquillement.

Si sa conversation avec le charron eût eu lieu dans une chambre de l'auberge, elle n'eût point eu de témoins, personne ne l'eût entendue, les choses en fussent restées là, et il est probable que nous n'aurions eu à raconter aucun des événements qu'on va lire, mais cette conversation s'était faite dans la rue. Tout colloque dans la rue produit inévitablement un cercle. Il y a toujours des gens qui ne demandent qu'à être spectateurs. Pendant qu'il questionnait le charron, quelques allants et venants s'étaient arrêtés autour d'eux. Après avoir écouté pendant quelques minutes, un jeune garçon auquel personne n'avait pris garde, s'était détaché du groupe en courant.

Au moment où le voyageur, après la délibération intérieure que nous venons d'indiquer, prenait la résolution de rebrousser chemin, cet enfant revenait. Il était accompagné d'une vieille femme.

— Monsieur, dit la femme, mon garçon me dit que vous avez envie de louer un cabriolet?

Cette simple parole, prononcée par une vieille femme que conduisait un enfant, lui fit ruisseler la sueur dans les reins. Il crut voir la main qui l'avait lâché reparaître dans l'ombre derrière lui, toute prête à le reprendre.

Il répondit :

— Oui, bonne femme, je cherche un cabriolet à louer.

Et il se hâta d'ajouter :

— Mais il n'y en a pas dans le pays.

— Si fait, dit la vieille.

— Où ça donc? reprit le charron.

— Chez moi, répliqua la vieille.

Il tressaillit. La main fatale l'avait ressaisi.

La vieille avait en effet sous un hangar une façon de carriole en osier. Le charron et le garçon d'auberge, désolés que le voyageur leur échappât, intervinrent.

— C'était une affreuse guimbarde,—cela était posé à cru sur l'essieu,—il est vrai que les banquettes étaient suspendues à l'intérieur avec des lanières de cuir, — il pleuvait dedans, — les roues étaient rouillées et rongées d'humidité, — cela n'irait pas beaucoup plus loin que le tilbury, — une vraie patache! — Ce monsieur aurait bien tort de s'y embarquer, — etc., etc.

Tout cela était vrai, mais cette guimbarde, cette patache, cette chose, quellè qu'elle fût, roulait sur ses deux roues et pouvait aller à Arras.

Il paya ce qu'on voulut, laissa le tilbury à

réparer chez le charron pour l'y retrouver à son retour, fit atteler le cheval blanc à la carriole, y monta, et reprit la route qu'il suivait depuis le matin.

Au moment où la carriole s'ébranla, il s'avoua qu'il avait eu l'instant d'auparavant une certaine joie de songer qu'il n'irait point où il allait. Il examina cette joie avec une sorte de colère et la trouva absurde. Pourquoi de la joie à revenir en arrière? Après tout, il faisait ce voyage librement. Personne ne l'y forçait.

Et certainement, rien n'arriverait que ce qu'il voudrait bien.

Comme il sortait de Hesdin, il entendit une voix qui lui criait : arrêtez! arrêtez! Il arrêta la carriole d'un mouvement vif dans lequel il y avait encore je ne sais quoi de fébrile et de convulsif qui ressemblait à de l'espérance.

C'était le petit garçon de la vieille.

— Monsieur, dit-il, c'est moi qui vous ai procuré la carriole.

— Eh bien?

— Vous ne m'avez rien donné.

Lui qui donnait à tous et si facilement, il trouva cette prétention exorbitante et presque odieuse.

— Ah! c'est toi, drôle? dit-il, tu n'auras rien!

Il fouetta le cheval et repartit au grand trot.

Il avait perdu beaucoup de temps à Hesdin, il eût voulu le rattraper. Le petit cheval était courageux et tirait comme deux; mais on était au mois de février, il avait plu, les routes étaient mauvaises. Et puis, ce n'était plus le tilbury. La carriole était dure et très lourde. Avec cela force montées.

Il mit près de quatre heures pour aller de Hesdin à Saint-Pol. Quatre heures pour cinq lieues.

A Saint-Pol il dételá à la première auberge venue, et fit mener le cheval à l'écurie. Comme il l'avait promis à Scaufflaire, il se tint près du ratelier pendant que le cheval mangeait. Il songeait à des choses tristes et confuses.

La femme de l'aubergiste entra dans l'écurie.

— Est-ce que monsieur ne, veut pas déjeuner?

— Tiens, c'est vrai, dit-il, j'ai même bon appétit.

Il suivit cette femme qui avait une figure fraîche et réjouie. Elle le conduisit dans une salle basse où il y avait des tables ayant pour nappes des toiles cirées.

— Dépêchez-vous, reprit-il, il faut que je reparte. Je suis pressé.

Une grosse servante flamande mit son couvert en toute hâte. Il regardait cette fille avec un sentiment de bien-être.

— C'est là ce que j'avais, pensa-t-il. Je n'avais pas déjeuné.

On le servit. Il se jeta sur le pain, mordit une bouchée, puis le reposa lentement sur la table et n'y toucha plus.

Un roulier mangeait à une autre table. Il dit à cet homme :

— Pouquoi leur pain est-il donc si amer?

Le roulier était allemand et n'entendit pas.

Il retourna dans l'écurie près du cheval.

· Une heure après il avait quitté Saint-Pol et se dirigeait vers Tinques qui n'est qu'à cinq lieues d'Arras.

Que faisait-il pendant ce trajet? A quoi pensait-il? Comme le matin, il regardait passer les arbres, les toits de chaume, les champs cultivés, et les évanouissements du paysage qui se disloque à chaque coude du chemin. C'est là une contemplation qui suffit quelquefois à l'âme et qui la dispense presque de penser. Voir mille objets pour la première et pour la dernière fois, quoi de plus mélancolique et de plus profond! Voyager, c'est naître et mourir à chaque instant. Peut-être, dans la région la plus vague de son esprit, faisait-il des rapprochements entre ces horizons changeants et l'existence humaine. Toutes les choses de la vie sont perpétuellement en fuite devant nous. Les obscurcissements et les clartés s'entremêlent. Après un éblouissement, une éclipse; on regarde, on se hâte, on tend les mains pour saisir ce qui passe; chaque événement est un tournant de la route; et tout à coup on est vieux. On sent comme une secousse, tout est noir, on distingue une porte obscure, ce sombre cheval de la vie qui vous traînait s'arrête. Et l'on voit quelqu'un de voilé et d'inconnu qui le dételle dans les ténèbres.

Le crépuscule tombait au moment où des enfants qui sortaient de l'école regardèrent ce voyageur entrer dans Tinques. Il est vrai qu'on était encore aux jours courts de l'année. Il ne s'arrêta pas à Tinques. Comme il débouchait du village, un cantonnier qui empierrait la route dressa la tête et dit :

— Voilà un cheval bien fatigué.

La pauvre bête en effet n'allait plus qu'au pas.

— Est-ce que vous allez à Arras? ajouta le cantonnier.

— Oui.

— Si vous allez de ce train, vous n'y arriverez pas de bonne heure.

Il arrêta le cheval et demanda au cantonnier :

— Combien y a-t-il encore d'ici à Arras?

— Près de sept grandes lieues.

— Comment cela? le livre de poste ne marque que cinq lieues et un quart.

— Ah! reprit le cantonnier, vous ne savez donc pas que la route est en réparation. Vous allez la trouver coupée à un quart d'heure d'ici? Pas moyen d'aller plus loin.

— Vraiment.

— Vous prendrez à gauche, le chemin qui va à Carency, vous passerez la rivière; quand vous serez à Camblin, vous tournerez à droite; c'est la route de Mont-Saint-Éloy qui va à Arras.

— Mais voilà la nuit, je me perdrai.

— Vous n'êtes pas du pays?

— Non.

— Avec ça, c'est tout chemin de traverse. — Tenez, monsieur, reprit le cantonnier, voulez-vous que je vous donne un conseil? Votre cheval est las; rentrez dans Tinques. Il y a une bonne auberge. Couchez-y. Vous irez demain à Arras.

— Il faut que j'y sois ce soir.

— C'est différent. Alors allez tóut de même à cette auberge et prenez-y un cheval de renfort. Le garçon du cheval vous guidera dans la traverse.

Il suivit le conseil du cantonnier, rebroussa chemin, et une demi-heure après il repassait au même endroit, mais au grand trot, avec un bon cheval de renfort. Un garçon d'écurie qui s'intitulait postillon était assis sur le brancard de la carriole.

Cependant il sentait qu'il perdait du temps.

Il faisait tout à fait nuit.

Ils s'engagèrent dans la traverse. La route devint affreuse. La carriole tombait d'une ornière dans l'autre. Il dit au postillon :

— Toujours au trot, et double pourboire.

Dans un cahot le palonnier cassa.

— Monsieur, dit le postillon, voilà le palonnier cassé, je ne sais plus comment atteler mon cheval, cette route-ci est bien mauvaise la nuit, si vous vouliez revenir coucher à Tinques, nous pourrions être demain matin de bonne heure à Arras.

Il répondit : — As-tu un bout de corde et un couteau?

— Oui, monsieur.

Il coupa une branche d'arbre et en fit un palonnier.

Ce fut encore une perte de vingt minutes; mais ils repartirent au galop.

La plaine était ténébreuse. Des brouillards bas, courts et noirs rampaient sur les collines et s'en arrachaient comme des fumées. Il y avait des lueurs blanchâtres dans les nuages. Un grand vent qui venait de la mer faisait dans tous les coins de l'horizon le bruit de quelqu'un qui remue des meubles. Tout ce qu'on entrevoyait avait des attitudes de terreur. Que de choses frissonnent sous ces vastes souffles de la nuit!

Le froid le pénétrait. Il n'avait pas mangé depuis la veille. Il se rappelait vaguement son autre course nocturne dans la grande plaine aux environs de D.—, il y avait huit ans; et cela lui semblait hier.

Une heure sonna à quelque clocher lointain. Il demanda au garçon :

— Quelle est cette heure?

— Sept heures, monsieur, nous serons à Arras à huit. Nous n'avons plus que trois lieues.

En ce moment il fit pour la première fois cette réflexion, — en trouvant étrange qu'elle ne lui fût pas venue plus tôt : — Que c'était peut-être inutile, toute la peine qu'il prenait; qu'il ne savait seulement pas l'heure du procès; qu'il aurait dû au moins s'en informer; qu'il était extravagant d'aller ainsi devant soi sans savoir si cela servirait à quelque chose. — Puis il ébaucha quelques calculs dans son esprit : — qu'ordinairement les séances des cours d'assises commençaient à neuf heures du matin; — que ce ne devait pas être long, cette affaire-là; — que le vol de pommes, ce serait très court; — qu'il n'y aurait plus ensuite qu'une question d'identité; — quatre ou cinq dépositions, peu de chose à dire pour les avocats; — qu'il allait arriver, lorsque tout serait fini!

Le postillon fouettait les chevaux. Ils avaient passé la rivière et laissé derrière eux Mont-Saint-Éloy.

La nuit devenait de plus en plus profonde.

VI

La sœur Simplice mise à l'épreuve

Cependant, en ce moment-là même, Fantine était dans la joie.

Elle avait passé une très mauvaise nuit. Toux affreuse, redoublement de fièvre; elle avait eu des songes. Le matin, à la visite du médecin,

elle délirait. Il avait eu l'air alarmé et avait
recommandé qu'on le prévînt dès que M. Madeleine viendrait.

Toute la matinée elle fut morne,.parla peu et
fit des plis à ses draps en murmurant à voix
basse des calculs qui avaient l'air d'être des
calculs de distances. Ses yeux étaient caves et
fixes. Ils paraissaient presque éteints, et puis
par moments, ils se rallumaient et resplendis-
saient comme des étoiles. Il semble qu'aux
approches d'une certaine heure sombre, la
clarté du ciel emplisse ceux que quitte la clarté
de la terre.

Chaque fois que la sœur Simplice lui demandait comment elle se trouvait, elle répondait
invariablement : — Bien. Je voudrais voir monsieur Madeleine.

Quelques mois auparavant, à ce moment où
Fantine venait de perdre sa dernière pudeur, sa
dernière honte et sa dernière joie, elle était
l'ombre d'elle-même; maintenant elle en était le
spectre. Le mal physique avait complété l'œuvre

du mal moral. Cette créature de vingt-cinq ans
avait le front ridé, les joues flasques, les narines
pincées, les dents déchaussées, le teint plombé,
le cou osseux, les clavicules saillantes, les
membres chétifs, la peau terreuse, et ses cheveux
blonds poussaient mêlés de cheveux gris. Hélas! comme la maladie improvise la vieillesse!

A midi, le médecin revint, il fit quelques
prescriptions, s'informa si M. le maire avait
paru à l'infirmerie, et branla la tête.

M. Madeleine venait d'habitude à trois heures
voir la malade. Comme l'exactitude était de la
bonté, il était exact.

Vers deux heures et demie, Fantine commença à s'agiter. Dans l'espace de vingt minutes, elle demanda plus de dix fois à la
religieuse : — ma sœur, quelle heure est-il?

Trois heures sonnèrent. Au troisième coup
Fantine se dressa sur son séant, elle qui d'ordinaire pouvait à peine remuer dans son lit; elle
joignit dans une sorte d'étreinte convulsive ses
deux mains décharnées et jaunes, et la religieuse

entendit sortir de sa poitrine un de ces soupirs profonds qui semblent soulever un accablement. Puis Fantine se tourna, et regarda la porte.

Personne n'entra; la porte ne s'ouvrit point.

Elle resta ainsi un quart d'heure, l'œil attaché sur la porte, immobile et comme retenant son haleine. La sœur n'osait lui parler. L'église sonna trois heures un quart. Fantine se laissa retomber sur l'oreiller.

Elle ne dit rien et se remit à faire des plis à son drap.

La demi-heure passa, puis l'heure, personne ne vint; chaque fois que l'horloge sonnait, Fantine se dressait et regardait du côté de la porte, puis elle retombait.

On voyait clairement sa pensée, mais elle ne prononçait aucun nom, elle ne se plaignait pas, elle n'accusait pas. Seulement elle toussait d'une façon lugubre. On eût dit que quelque chose d'obscur s'abaissait sur elle. Elle était livide et avait les lèvres bleues. Elle souriait par moments.

Cinq heures sonnèrent. Alors la sœur l'entendit qui disait très bas et doucement : — Mais puisque je m'en vais demain, il a tort de ne pas venir aujourd'hui!

La sœur Simplice elle-même était surprise du retard de M. Madeleine.

Cependant Fantine regardait le ciel de son lit. Elle avait l'air de chercher à se rappeler quelque chose. Tout à coup elle se mit à chanter d'une voix faible comme un souffle. La religieuse écouta. Voici ce que Fantine chantait :

> Nous achèterons de bien belles choses
> En nous promenant le long des faubourgs.
> Les bleuets sont bleus, les roses sont roses,
> Les bleuets sont bleus, j'aime mes amours.
>
> La vierge Marie auprès de mon poêle
> Est venue hier en manteau brodé;
> Et m'a dit : — Voici, caché sous mon voile,
> Le petit qu'un jour tu m'as demandé. —
> Courez à la ville, ayez de la toile,
> Achetez du fil, achetez un dé.

Nous achèterons de bien belles choses
En nous promenant le long des faubourgs.

Bonne sainte Vierge, auprès de mon poêle
J'ai mis un berceau de rubans orné ;
Dieu me donnerait sa plus belle étoile,
J'aime mieux l'enfant que tu m'as donné.
— Madame, que faire avec cette toile ?
— Faites un trousseau pour mon nouveau-né.

Les bleuets sont bleus, les roses sont roses,
Les bleuets sont bleus, j'aime mes amours.

Lavez cette toile. — Où ? — Dans la rivière,
Faites-en, sans rien gâter ni salir,
Une belle jupe avec sa brassière
Que je veux broder et de fleurs emplir.
— L'enfant n'est plus là, madame, qu'en faire ?
— Faites-en un drap pour m'ensevelir.

Nous achèterons de bien belles choses
En nous promenant le long des faubourgs.
Les bleuets sont bleus, les roses sont roses,
Les bleuets sont bleus, j'aime mes amours.

Cette chanson était une vieille romance de berceuse avec laquelle autrefois elle endormait sa petite Cosette, et qui ne s'était pas offerte à son esprit depuis cinq ans qu'elle n'avait plus son enfant. Elle chantait cela d'une voix si triste et sur un air si doux que c'était à faire pleurer, même une religieuse. La sœur, habituée aux choses austères, sentit une larme lui venir.

L'horloge sonna six heures. Fantine ne parut pas entendre. Elle semblait ne plus faire attention à aucune chose autour d'elle.

La sœur Simplice envoya une fille de service s'informer près de la portière de la fabrique si M. le maire était rentré et s'il ne monterait pas bientôt à l'infirmerie. La fille revint au bout de quelques minutes.

Fantine était toujours immobile et paraissait attentive à des idées qu'elle avait.

La servante raconta très bas à la sœur Simplice que M. le maire était parti le matin même avant six heures dans un petit tilbury attelé d'un cheval blanc, par le froid qu'il faisait; qu'il était parti seul, pas même de cocher, qu'on ne savait pas le chemin qu'il avait pris, que des personnes disaient l'avoir vu tourner par la route d'Arras, que d'autres assuraient l'avoir rencontré sur la route de Paris. Qu'en s'en allant il avait été comme à l'ordinaire, très doux, et qu'il avait seulement dit à la portière qu'on ne l'attendît pas cette nuit.

Pendant que les deux femmes, le dos tourné au lit de la Fantine, chuchotaient, la sœur questionnant, la servante conjecturant, la Fantine, avec cette vivacité fébrile de certaines maladies organiques, qui mêle les mouvements libres de la santé à l'effrayante maigreur de la mort, s'était mise à genoux sur son lit, ses deux poings crispés appuyés sur le traversin, et, la tête passée par l'intervalle des rideaux, elle écoutait. Tout à coup elle cria :

— Vous parlez là de monsieur Madeleine! pourquoi parlez-vous tout bas? qu'est-ce qu'il fait? pourquoi ne vient-il pas?

Sa voix était si brusque et si rauque que les deux femmes crurent entendre une voix d'homme; elles se retournèrent effrayées.

— Répondez donc! cria Fantine.

La servante balbutia :

— La portière m'a dit qu'il ne pourrait pas venir aujourd'hui.

— Mon enfant, dit la sœur, tenez-vous tranquille, recouchez-vous.

Fantine, sans changer d'attitude, reprit d'une voix haute et avec un accent tout à la fois impérieux et déchirant :

— Il ne pourra venir? Pourquoi cela? Vous savez la raison. Vous la chuchotiez là entre vous. Je veux la savoir.

La servante se hâta de dire à l'oreille de la religieuse :—Répondez qu'il est occupé au conseil municipal.

La sœur Simplice rougit légèrement; c'était un mensonge que la servante lui proposait. D'un autre côté il lui semblait bien que dire la vérité à la malade ce serait sans doute lui por-

ter un coup terrible et que cela était grave dans
l'état où était Fantine. Cette rougeur dura peu.
La sœur leva sur Fantine son œil calme et
triste, et dit :

— Monsieur le maire est parti.

Fantine se redressa et s'assit sur ses talons.
Ses yeux étincelèrent. Une joie inouïe rayonna
sur cette physionomie douloureuse.

— Parti ! s'écria-t-elle. Il est allé chercher
Cosette !

Puis elle tendit ses deux mains vers le ciel
et tout son visage devint ineffable. Ses lèvres
remuaient ; elle priait à voix basse.

Quand sa prière fut finie : — Ma sœur, dit-elle,
je veux bien me recoucher, je vais faire tout ce
qu'on voudra ; tout à l'heure j'ai été méchante,
je vous demande pardon d'avoir parlé si haut,
c'est très mal de parler haut, je le sais bien,
ma bonne sœur, mais voyez-vous, je suis très
contente. Le bon Dieu est bon, monsieur Madeleine est bon ; figurez-vous qu'il est allé chercher ma petite Cosette à Montfermeil.

Elle se recoucha, aida la religieuse à arranger l'oreiller et baisa une petite croix d'argent qu'elle avait au cou et que la sœur Simplice lui avait donnée.

— Mon enfant, dit la sœur, tâchez de reposer maintenant, et ne parlez plus.

Fantine prit dans ses mains moites la main de la sœur, qui souffrait de lui sentir cette sueur.

— Il est parti ce matin pour aller à Paris. Au fait il n'a pas même besoin de passer par Paris. Montfermeil, c'est un peu à gauche en venant. Vous rappelez-vous comme il me disait hier quand je lui parlais de Cosette : *bientôt, bientôt?* C'est une surprise qu'il veut me faire. Vous savez? il m'avait fait signer une lettre pour la reprendre aux Thénardier. Ils n'auront rien à dire, pas vrai? ils rendront Cosette. Puisqu'ils sont payés. Les autorités ne souffriraient pas qu'on garde un enfant quand on est payé. Ma sœur, ne me faites pas signe qu'il ne faut pas que je parle. Je suis extrêmement heureuse, je vais

très bien, je n'ai plus de mal du tout, je vais revoir Cosette, j'ai même très faim. Il y a près de
cinq ans que je ne l'ai vue. Vous ne vous figurez
pas, vous, comme cela vous tient, les enfants!
et puis elle sera si gentille, vous verrez! Si vous
saviez, elle a de si jolis petits doigts roses!
d'abord elle aura de très belles mains. A un an,
elle avait des mains ridicules. Ainsi! — Elle doit
être grande à présent. Cela vous a sept ans.
C'est une demoiselle. Je l'appelle Cosette, mais
elle s'appelle Euphrasie. Tenez, ce matin, je
regardais de la poussière qui était sur la cheminée et j'avais bien l'idée comme cela que je
reverrais bientôt Cosette. Mon Dieu! comme on
a tort d'être des années sans voir ses enfants!
on devrait bien réfléchir que la vie n'est pas
éternelle! Oh! comme il est bon d'être parti,
monsieur le maire! c'est vrai ça qu'il fait bien
froid! avait-il son manteau au moins? il sera ici
demain, n'est-ce pas? ce sera demain fête. Demain matin, ma sœur, vous me ferez penser à
mettre mon petit bonnet qui a de la dentelle.

Montfermeil, c'est un pays. J'ai fait cette route
là à pied, dans le temps. Il y a eu bien loin pour
moi. Mais les diligences vont très vite! il sera
ici demain avec Cosette. Combien y a-t-il d'ici
Montfermeil?

La sœur qui n'avait aucune idée des distances, répondit : — Oh! je crois bien qu'il
pourra être ici demain.

— Demain! demain! dit Fantine, je verrai
Cosette demain! voyez-vous, bonne sœur du bon
Dieu, je ne suis plus malade. Je suis folle. Je
danserais, si on voulait.

Quelqu'un qui l'eût vue un quart d'heure auparavant, n'y eût rien compris. Elle était maintenant toute rose, elle parlait d'une voix vive et
naturelle, toute sa figure n'était qu'un sourire.
Par moments elle riait en se parlant tout bas.
Joie de mère, c'est presque joie d'enfant.

— Eh bien, reprit la religieuse, vous voilà
heureuse, obéissez-moi, ne parlez plus.

Fantine posa sa tête sur l'oreiller et dit à
demi-voix : — Oui, recouche-toi, sois sage puis-

que tu vas avoir ton enfant. Elle a raison, sœur
Simplice. Tous ceux qui sont ici ont raison.

Et puis, sans bouger, sans remuer la tête, elle
se mit à regarder partout avec ses yeux tout
grands ouverts et un air joyeux, et elle ne dit
plus rien.

La sœur referma ses rideaux, espérant qu'elle
s'assoupirait.

Entre sept et huit heures le médecin vint.
N'entendant aucun bruit, il crut que Fantine
dormait, entra doucement et s'approcha du lit
sur la pointe du pied. Il entr'ouvrit les rideaux,
et à la lueur de la veilleuse il vit les grands
yeux calmes de Fantine qui le regardaient.

Elle lui dit : — Monsieur, n'est-ce pas? on me
laissera la coucher à côté de moi dans un petit
lit?

Le médecin crut qu'elle délirait. Elle ajouta :
— Regardez plutôt, il y a juste la place.

Le médecin prit à part la sœur Simplice qui
lui expliqua la chose, que M. Madeleine était
absent pour un jour ou deux, et que, dans le

doute, on n'avait pas cru devoir détromper la malade qui croyait monsieur le maire parti pour Montfermeil; qu'il était possible en somme qu'elle eût deviné juste. Le médecin approuva.

Il se rapprocha du lit de Fantine qui reprit :

— C'est que, voyez-vous, le matin, quand elle s'éveillera, je lui dirai bonjour à ce pauvre chat, et la nuit, moi qui ne dors pas, je l'entendrai dormir. Sa petite respiration si douce, cela me fera du bien.

— Donnez-moi votre main, dit le médecin.

Elle tendit son bras et s'écria en riant :

— Ah! tiens! au fait, c'est vrai, vous ne savez pas! c'est que je suis guérie. Cosette arrive demain.

Le médecin fut surpris. Elle était mieux. L'oppression était moindre. Le pouls avait repris de la force. Une sorte de vie survenue tout à coup ranimait ce pauvre être épuisé.

— Monsieur le docteur, reprit-elle, la sœur vous a-t-elle dit que monsieur le maire était allé chercher le chiffon?

Le médecin recommanda le silence et qu'on évitât toute émotion pénible. Il prescrivit une infusion de quinquina pur, et, pour le cas où la fièvre reprendrait dans la nuit, une potion calmante. En s'en allant il dit à la sœur : — Cela va mieux. Si le bonheur voulait qu'en effet monsieur le maire arrivât demain avec l'enfant, qui sait? il y a des crises si étonnantes, on a vu de grandes joies arrêter court des maladies, je sais bien que celle-ci est une maladie organique, et bien avancée, mais c'est un tel mystère que tout cela! Nous la sauverions peut-être.

VII

Le voyageur arrivé prend ses précautions pour repartir

Il était près de huit heures du soir quand la carriole que nous avons laissée en route entra sous la porte cochère de l'hôtel de la Poste à Arras. L'homme que nous avons suivi jusqu'à

ce moment, en descendit, répondit d'un air distrait aux empressements des gens de l'auberge,
renvoya le cheval de renfort, et conduisit lui-
même le petit cheval blanc à l'écurie ; puis il
poussa la porte d'une salle de billard qui était
au rez-de-chaussée, s'y assit et s'accouda sur
une table. Il avait mis quatorze heures à ce
trajet qu'il comptait faire en six. Il se rendait la
justice que ce n'était pas sa faute ; mais au fond
il n'en était pas fâché.

La maîtresse de l'hôtel entra.

—Monsieur couche-t-il ? monsieur soupe-t-il ?

Il fit un signe de tête négatif.

— Le garçon d'écurie dit que le cheval de
monsieur est bien fatigué ?

Ici il rompit le silence.

—Est-ce que le cheval ne pourra pas repartir
demain matin ?

— Oh ! monsieur ! il lui faut au moins deux
jours de repos.

Il demanda :

— N'est-ce pas ici le bureau de la poste ?

— Oui, monsieur.

L'hôtesse le mena à ce bureau; il montra son passeport et s'informa s'il y avait moyen de revenir cette nuit même à M.— sur M.— par la malle; la place à côté du courrier était justement vacante; il la retint et la paya. — Monsieur, dit le buraliste, ne manquez pas d'être ici pour partir à une heure précise du matin.

Cela fait, il sortit de l'hôtel et se mit à marcher dans la ville.

Il ne connaissait pas Arras, les rues étaient obscures, et il allait au hasard. Cependant il semblait s'obstiner à ne pas demander son chemin aux passants. Il traversa la petite rivière Crinchon et se trouva dans un dédale de ruelles étroites où il se perdit. Un bourgeois cheminait avec un falot. Après quelque hésitation, il prit le parti de s'adresser à ce bourgeois, non sans avoir d'abord regardé devant et derrière lui, comme s'il craignait que quelqu'un n'entendît la question qu'il allait faire.

— Monsieur, dit-il, le palais de justice, s'il vous plaît?

— Vous n'êtes pas de la ville, monsieur; répondit le bourgeois qui était un assez vieux homme, eh bien, suivez-moi. Je vais précisément du côté du palais de justice, c'est à dire du côté de l'hôtel de la préfecture. Car on répare en ce moment le palais, et provisoirement les tribunaux ont leurs audiences à la préfecture.

— Est-ce là, demanda-t-il, qu'on tient les assises?

— Sans doute, monsieur, voyez-vous, ce qui est la préfecture aujourd'hui était l'évêché avant la révolution. Monsieur de Conzié, qui était évêque en quatre-vingt-deux, y a fait bâtir une grande salle. C'est dans cette grande salle qu'on juge.

Chemin faisant, le bourgeois lui dit :

— Si c'est un procès que monsieur veut voir, il est un peu tard. Ordinairement les séances finissent à six heures.

Cependant, comme ils arrivaient sur la

grande place, le bourgeois lui montra quatre
longues fenêtres éclairées sur la façade d'un
vaste bâtiment ténébreux.

— Ma foi, monsieur, vous arrivez à temps,
vous avez du bonheur. Voyez-vous ces quatre
fenêtres? c'est la cour d'assises. Il y a de la
lumière. Donc ce n'est pas fini. L'affaire aura
traîné en longueur et on fait une audience du
soir. Vous vous intéressez à cette affaire? Est-ce
que c'est un procès criminel? est-ce que vous
êtes témoin?

Il répondit :

— Je ne viens pour aucune affaire, j'ai seulement à parler à un avocat.

— C'est différent, dit le bourgeois. Tenez,
monsieur, voici la porte. Où est le factionnaire.
Vous n'aurez qu'à monter le grand escalier.

Il se conforma aux indications du bourgeois,
et quelques minutes après, il était dans une
salle où il y avait beaucoup de monde et où des
groupes mêlés d'avocats en robes chuchotaient
çà et là.

C'est toujours une chose qui serre le cœur de
voir ces attroupements d'hommes vêtus de noir
qui murmurent entr'eux à voix basse sur le seuil
des chambres de justice. Il est rare que la charité et la pitié sortent de toutes ces paroles. Ce
qui en sort le plus souvent, ce sont des condam-
nations faites d'avance. Tous ces groupes semblent à l'observateur qui passe et qui rêve autant
de ruches sombres où des esprits bourdonnants
construisent en commun toutes sortes d'édifices
ténébreux.

Cette salle, spacieuse et éclairée d'une seule
lampe, était une ancienne salle de l'évêché et
servait de salle des pas perdus. Une porte à
deux battants, fermée en ce moment, la séparait
de la grande chambre où siégeait la cour d'assises.

L'obscurité était telle qu'il ne craignit pas
de s'adresser au premier avocat qu'il rencontra.

— Monsieur, dit-il, où en est-on?

— C'est fini, dit l'avocat.

— Fini!

Ce mot fut répété d'un tel accent que l'avocat se retourna.

— Pardon, monsieur, vous êtes peut-être un parent?

— Non. Je ne connais personne ici. Et y a-t-il eu condamnation?

— Sans doute. Cela n'était guère possible autrement.

— Aux travaux forcés?...

— A perpétuité.

Il reprit d'une voix tellement faible qu'on l'entendait à peine :

— L'identité a donc été constatée?

— Quelle identité? répondit l'avocat. Il n'y avait pas d'identité à constater. L'affaire était simple. Cette femme avait tué son enfant, l'infanticide a été prouvé, le jury a écarté la préméditation, on l'a condamnée à vie.

— C'est donc une femme? dit-il.

— Mais sûrement. La fille Limosin. De quoi me parlez-vous donc?

— De rien, mais puisque c'est fini, comment se fait-il que la salle soit encore éclairée?

— C'est pour l'autre affaire qu'on a commencée il y a à peu près deux heures.

— Quelle autre affaire?

— Oh! celle-là est claire aussi. C'est une espèce de gueux, un récidiviste, un galérien, qui a volé. Je ne sais plus trop son nom. En voilà un qui vous a une mine de bandit. Rien que pour avoir cette figure-là, je l'enverrais aux galères.

— Monsieur, demanda-t-il, y a-t-il moyen de pénétrer dans la salle?

— Je ne crois vraiment pas. Il y a beaucoup de foule. Cependant l'audience est suspendue. Il y a des gens qui sont sortis, et à la reprise de l'audience, vous pourrez essayer.

— Par où entre-t-on?

— Par cette grande porte.

L'avocat le quitta. En quelques instants, il avait éprouvé, presque en même temps, presque mêlées, toutes les émotions possibles. Les pa-

roles de cet indifférent lui avaient tour à tour
traversé le cœur comme des aiguilles de glace
et comme des lames de feu. Quand il vit que
rien n'était terminé, il respira; mais il n'eût pu
dire si ce qu'il ressentait était du contentement
ou de la douleur.

Il s'approcha de plusieurs groupes et il écouta
ce qu'on disait. Le rôle de la session étant très
chargé, le président avait indiqué pour ce même
jour deux affaires simples et courtes. On avait
commencé par l'infanticide, et maintenant on en
était au forçat, au récidiviste, au « cheval de
retour. » Cet homme avait volé des pommes,
mais cela ne paraissait pas bien prouvé; ce qui
était prouvé, c'est qu'il avait été déjà aux galères à Toulon. C'est ce qui faisait son affaire
mauvaise. Du reste, l'interrogatoire de l'homme
était terminé et les dépositions des témoins;
mais il y avait encore les plaidoiries de l'avocat et le réquisitoire du ministère public; cela
ne devait guère finir avant minuit. L'homme
serait probablement condamné; l'avocat-général

était très bon; — et ne *manquait* pas ses ac-
cusés; — c'était un garçon d'esprit qui faisait
des vers.

Un huissier se tenait debout près de la porte
qui communiquait avec la salle des assises. Il
demanda à cet huissier :

— Monsieur, la porte va-t-elle bientôt s'ouvrir?

— Elle ne s'ouvrira pas, dit l'huissier.

— Comment! on ne l'ouvrira pas à la reprise
de l'audience? est-ce que l'audience n'est pas
suspendue?

— L'audience vient d'être reprise, répondit
l'huissier, mais la porte ne se rouvrira pas.

— Pourquoi?

— Parce que la salle est pleine.

— Quoi ! il n'y a plus une place?

— Plus une seule. La porte est fermée. Personne ne peut plus entrer.

L'huissier ajouta après un silence : — Il y
a bien encore deux ou trois places derrière
monsieur le président, mais monsieur le pré-

sident n'y admet que les fonctionnaires publics.

Cela dit, l'huissier lui tourna le dos.

Il se retira la tête baissée, traversa l'antichambre et redescendit l'escalier lentement, comme hésitant à chaque marche. Il est probable qu'il tenait conseil avec lui-même. Le violent combat qui se livrait en lui depuis la veille n'était pas fini; et, à chaque instant, il en traversait quelque nouvelle péripétie. Arrivé sur le palier de l'escalier, il s'adossa à la rampe et croisa les bras. Tout à coup il ouvrit sa redingote, prit son portefeuille, en tira un crayon, déchira une feuille, et écrivit rapidement sur cette feuille à la lueur du réverbère cette ligne : — *M. Madeleine, maire de M.— sur M.—*; puis il remonta l'escalier à grands pas, fendit la foule, marcha droit à l'huissier, lui remit le papier et lui dit avec autorité : — Portez ceci à monsieur le président.

L'huissier prit le papier, y jeta un coup d'œil et obéit.

VIII

Entrée de faveur

Sans qu'il s'en doutât, le maire de M.— sur
M.— avait une sorte de célébrité. Depuis sept
ans que sa réputation de vertu remplissait tout
le Bas-Boulonnais, elle avait fini par franchir
les limites d'un petit pays et s'était répandue

dans les deux ou trois départements voisins.
Outre le service considérable qu'il avait rendu
au chef-lieu en y restaurant l'industrie des verroteries noires, il n'était pas une des cent quarante et une communes de l'arrondissement de
de M. — sur M. — qui ne lui dût quelque bienfait. Il avait su même au besoin aider et fécon-
der les industries des autres arrondissements.
C'est ainsi qu'il avait dans l'occasion soutenu
de son crédit et de ses fonds la fabrique de tulle
de Boulogne, la filature de lin à la mécanique
de Frévent et la manufacture hydraulique de
toile de Boubers-sur-Canche. Partout on prononçait avec vénération le nom de M. Madeleine. Arras et Douai enviaient son maire à
l'heureuse petite ville de M. — sur M. —.

Le conseiller à la cour royale de Douai, qui
présidait cette session des assises à Arras, connaissait comme tout le monde ce nom si profondément et si universellement honoré. Quand
l'huissier, ouvrant discrètement la porte qui
communiquait de la chambre du conseil à l'au-

dience, se pencha derrière le fauteuil du président et lui remit le papier où était écrite la ligne qu'on vient de lire, en ajoutant : *ce monsieur désire assister à l'audience*, le président fit un vif mouvement de déférence, saisit une plume, écrivit quelques mots au bas du papier et le rendit à l'huissier en lui disant : faites entrer.

L'homme malheureux dont nous racontons l'histoire était resté près de la porte de la salle à la même place et dans la même attitude où l'huissier l'avait quitté. Il entendit, à travers sa rêverie, quelqu'un qui lui disait : monsieur veut-il bien me faire l'honneur de me suivre? C'était ce même huissier qui lui avait tourné le dos l'instant d'auparavant et qui maintenant le saluait jusqu'à terre. L'huissier en même temps lui remit le papier. Il le déplia, et, comme il se rencontrait qu'il était près de la lampe, il put lire :

« Le président de la cour d'assises présente son « respect à monsieur Madeleine. »

Il froissa le papier entre ses mains, comme
si ces quelques mots eussent eu pour lui un
arrière-goût étrange et amer.

Il suivit l'huissier.

Quelques minutes après, il se trouvait seul
dans une espèce de cabinet lambrissé, d'un aspect sévère, éclairé par deux bougies posées sur
une table à tapis vert. Il avait encore dans
l'oreille les dernières paroles de l'huissier qui
venait de le quitter : « Monsieur, vous voici
« dans la chambre du conseil; vous n'avez qu'à
« tourner le bouton de cuivre de cette porte et
« vous vous trouverez dans l'audience derrière
« le fauteuil de monsieur le président. » — Ces
paroles se mêlaient dans sa pensée à un souvenir vague de corridors étroits et d'escaliers
noirs qu'il venait de parcourir.

L'huissier l'avait laissé seul. Le moment suprême était arrivé. Il cherchait à se recueillir
sans pouvoir y parvenir. C'est surtout aux
heures où l'on aurait le plus besoin de les rat-
tacher aux réalités poignantes de la vie que

tous les fils de la pensée se rompent dans le
cerveau. Il était dans l'endroit même où les
juges délibèrent et condamnent. Il regardait
avec une tranquillité stupide cette chambre paisible et redoutable où tant d'existences avaient
été brisées, où son nom allait retentir tout à
l'heure, et que sa destinée traversait en ce moment. Il regardait la muraille, puis il se regardait lui-même, s'étonnant que ce fût cette
chambre et que ce fût lui.

Il n'avait pas mangé depuis plus de vingt-
quatre heures, il était brisé par les cahots de
la carriole, mais il ne le sentait pas; il lui semblait qu'il ne sentait rien.

Il s'approcha d'un cadre noir qui était accro-
ché au mur et qui contenait sous verre une
vieille lettre autographe de Jean Nicolas Pache,
maire de Paris et ministre, datée, sans doute
par erreur, du 9 *juin* an II, et dans laquelle
Pache envoyait à la commune la liste des minis-
tres et des députés tenus en arrestation chez
eux. Un témoin qui l'eût pu voir et qui l'eût

observé en cet instant eût sans doute imaginé
que cette lettre lui paraissait bien curieuse, car
il n'en détachait pas ses yeux et il la lut deux
ou trois fois. Il la lisait sans y faire attention
et à son insu. Il pensait à Fantine et à Cosette.

Tout en rêvant, il se retourna et ses yeux ren-
contrèrent le bouton de cuivre de la porte qui
le séparait de la salle des assises. Il avait
presque oublié cette porte. Son regard, d'abord
calme, s'y arrêta, resta attaché à ce bouton de
cuivre, puis devint effaré et fixe, et s'empreignit
peu à peu d'épouvante. Des gouttes de sueur
lui sortaient d'entre les cheveux et ruisselaient
sur ses tempes.

A un certain moment, il fit avec une sorte
d'autorité mêlée de rébellion ce geste indescriptible qui veut dire et qui dit si bien : *Pardieu!
qui est-ce qui m'y force?* Puis il se tourna vivement, vit devant lui la porte par laquelle il était
entré, y alla, l'ouvrit et sortit. Il n'était plus
dans cette chambre; il était dehors; dans un
corridor, un corridor long, étroit, coupé de

degrés et de guichets, faisant toutes sortes
d'angles, éclairé çà et là de réverbères pareils
à des veilleuses de malades, le corridor par où
il était venu. Il respira, il écouta; aucun bruit
derrière lui, aucun bruit devant lui; il se mit à
fuir comme si on le poursuivait.

Quand il eut doublé plusieurs des coudes de
ce couloir, il écouta encore. C'était toujours le
même silence et la même ombre autour de lui.
Il était essoufflé, il chancelait, il s'appuya au
mur. La pierre était froide, sa sueur était glacée sur son front, il se redressa en frissonnant.

Alors, là, seul, debout dans cette obscurité,
tremblant de froid et d'autre chose peut-être, il
songea.

Il avait songé toute la nuit, il avait songé
toute la journée; il n'entendait plus en lui
qu'une voix qui disait : hélas!

Un quart d'heure s'écoula ainsi. Enfin, il
pencha la tête, soupira avec angoisse, laissa
pendre ses bras et revint sur ses pas. Il marchait lentement et comme accablé. Il semblait

que quelqu'un l'eût atteint dans sa fuite et le ramenait.

Il rentra dans la chambre du conseil. La première chose qu'il aperçut, ce fut la gachette de la porte. Cette gachette, ronde et en cuivre poli, resplendissait pour lui comme une effroyable étoile. Il la regardait comme une brebis regarderait l'œil d'un tigre.

Ses yeux ne pouvaient s'en détacher.

De temps en temps il faisait un pas et se rapprochait de la porte.

S'il eût écouté, il eût entendu, comme une sorte de murmure confus, le bruit de la salle voisine; mais il n'écoutait pas, et il n'entendait pas.

Tout à coup, sans qu'il sût lui-même comment, il se trouva près de la porte, il saisit convulsivement le bouton; la porte s'ouvrit.

Il était dans la salle d'audience.

IX

Un lieu où des convictions sont en train de se former

Il fit un pas, referma machinalement la porte derrière lui et resta debout, considérant ce qu'il voyait.

C'était une assez vaste enceinte à peine éclai-

rée, tantôt pleine de rumeur, tantôt pleine de
silence, où tout l'appareil d'un procès criminel
se développait avec sa gravité mesquine et
lugubre au milieu de la foule.

A un bout de la salle, celui où il se trouvait,
des juges à l'air distrait, en robe usée, se ron-
geant les ongles ou fermant les paupières; à
l'autre bout, une foule en haillons; des avocats
dans toutes sortes d'attitudes; des soldats au
visage honnête et dur; de vieilles boiseries
tachées, un plafond sale, des tables couvertes
d'une serge plutôt jaune que verte, des portes
noircies par les mains; à des clous plantés dans
le lambris, des quinquets d'estaminet donnant
plus de fumée que de clarté; sur les tables des
chandelles dans des chandeliers de cuivre; l'obscurité, la laideur, la tristesse; et de tout cela
se dégageait une impression austère et auguste,
car on y sentait cette grande chose humaine
qu'on appelle la loi et cette grande chose divine
qu'on appelle la justice.

Personne dans cette foule ne fit attention à

lui. Tous les regards convergeaient vers un
point unique, un banc de bois adossé à une
petite porte, le long de la muraille à gauche du
président. Sur ce banc, que plusieurs chandelles
éclairaient, il y avait un homme entre deux
gendarmes.

Cet homme, c'était l'homme.

Il ne le chercha pas, il le vit. Ses yeux
allèrent là naturellement, comme s'ils avaient
su d'avance où était cette figure.

Il crut se voir lui-même, vieilli, non pas sans
doute absolument semblable de visage, mais
tout pareil d'attitude et d'aspect, avec ces cheveux hérissés, avec cette prunelle fauve et
inquiète, avec cette blouse, tel qu'il était le
jour où il entrait à D. —, plein de haine et
cachant dans son âme ce hideux trésor de pensées affreuses qu'il avait mis dix-neuf ans à
ramasser sur le pavé du bagne.

Il se dit avec un frémissement : — Mon
Dieu! est-ce que je redeviendrai ainsi?

Cet être paraissait au moins soixante ans. Il

avait je ne sais quoi de rude, de stupide et
d'effarouché.

Au bruit de la porte, on s'était rangé pour lui
faire place, le président avait tourné la tête, et
comprenant que le personnage qui venait d'entrer était M. le maire de M.— sur M.—, il
l'avait salué. L'avocat-général, qui avait vu
M. Madeleine à M.— sur M.— où des opéra-
tions de son ministère l'avaient plus d'une fois
appelé, le reconnut, et salua également. Lui
s'en aperçut à peine. Il était en proie à une sorte
d'hallucination; il regardait.

Des juges, un greffier, des gendarmes, une
foule de têtes cruellement curieuses, il avait
déjà vu cela une fois, autrefois, il y avait vingt-
sept ans. Ces choses funestes, il les retrouvait;
elles étaient là, elles remuaient, elles existaient;
ce n'était plus un effort de sa mémoire, un
mirage de sa pensée, c'étaient de vrais gendarmes et de vrais juges, une vraie foule et de
vrais hommes en chair et en os. C'en était fait,
il voyait reparaître et revivre autour de lui,

avec tout ce que la réalité a de formidable, les aspects monstrueux de son passé.

Tout cela était béant devant lui.

Il en eut horreur, il ferma les yeux, et s'écria au plus profond de son âme : jamais!

Et par un jeu tragique de la destinée qui faisait trembler toutes ses idées, et le rendait presque fou, c'était un autre lui-même qui était là! Cet homme qu'on jugeait, tous l'appelaient Jean Valjean!

Il avait sous les yeux, vision inouïe, une sorte de représentation du moment le plus horrible de sa vie, jouée par son fantôme.

Tout y était, c'était le même appareil, la même heure de nuit, presque les mêmes faces de juges, de soldats et de spectateurs. Seulement au dessus de la tête du président, il y avait un crucifix, chose qui manquait aux tribunaux du temps de sa condamnation. Quand on l'avait jugé, Dieu était absent.

Une chaise était derrière lui; il s'y laissa tomber, terrifié de l'idée qu'on pouvait le voir.

Quand il fut assis, il profita d'une pile de car-
tons qui était sur le bureau des juges pour
dérober son visage à toute la salle. Il pouvait
maintenant voir sans être vu. Il rentra pleinement dans le sentiment du réel; peu à peu il se
remit. Il arriva à cette phase de calme où l'on
peut écouter.

M. Bamatabois était au nombre des jurés.

Il chercha Javert, mais il ne le vit pas. Le
banc des témoins lui était caché par la table du
greffier. Et puis, nous venons de le dire, la salle
était à peine éclairée.

Au moment où il était entré, l'avocat de l'accusé achevait sa plaidoirie. L'attention de tous
était excitée au plus haut point; l'affaire durait
depuis trois heures. Depuis trois heures, cette
foule regardait plier peu à peu sous le poids d'une
vraisemblance terrible un homme, un inconnu,
une espèce d'être misérable, profondément stupide ou profondément habile. Cet homme, on le
sait déjà, était un vagabond qui avait été trouvé
dans un champ, emportant une branche chargée

de pommes mûres, cassée à un pommier dans un clos voisin, appelé le clos Pierron. Qui était cet homme? Une enquête avait eu lieu, des témoins venaient d'être entendus, ils avaient été unanimes, des lumières avaient jailli de tout le débat. L'accusation disait : — Nous ne tenons pas seulement un voleur de fruits, un maraudeur; nous tenons là, dans notre main, un bandit, un relaps en rupture de ban, un ancien forçat, un scélérat des plus dangereux, un malfaiteur appelé Jean Valjean que la justice recherche depuis longtemps, et qui, il y a huit ans, en sortant du bagne de Toulon, a commis un vol de grand chemin à main armée sur la personne d'un enfant savoyard appelé Petit-Gervais, crime prévu par l'article 383 du Code pénal, pour lequel nous nous réservons de le poursuivre ultérieurement, quand l'identité sera judiciairement acquise. Il vient de commettre un nouveau vol. C'est un cas de récidive. Condamnez-le pour le fait nouveau; il sera jugé plus tard pour le fait ancien. — Devant cette accusation, devant l'unanimité des témoins, l'accusé paraissait surtout étonné. Il faisait des gestes et des signes qui voulaient dire non, ou bien il considérait le plafond. Il parlait avec peine, répondait avec embarras, mais de la tête aux pieds toute sa personne niait. Il était comme un idiot en présence de toutes ces intelligences rangées en bataille autour de lui, et comme un étranger au milieu de cette société qui le saisissait. Cependant il y allait pour lui de l'avenir le plus menaçant, la vraisemblance croissait à chaque minute, et toute cette foule regardait avec plus d'anxiété que lui-même cette sentence pleine de calamités qui penchait sur lui de plus en plus. Une éventualité laissait même entrevoir, outre le bagne, la peine de mort possible, si l'identité était reconnue et si l'affaire Petit-Gervais se terminait plus tard par une condamnation. Qu'était-ce que cet homme? De quelle nature était son apathie? Était-ce imbécillité ou ruse? Comprenait-il trop, ou ne comprenait-il pas du tout? Questions qui divi-

saient la foule et semblaient partager le jury. Il
y avait dans ce procès ce qui effraie et ce
qui intrigue; le drame n'était pas seulement
sombre, il était obscur.

Le défenseur avait assez bien plaidé, dans
cette langue de province qui a longtemps con-
stitué l'éloquence du barreau et dont usaient
jadis tous les avocats, aussi bien à Paris qu'à
Romorantin ou à Montbrison, et qui aujour-
d'hui, étant devenue classique, n'est plus guère
parlée que par les orateurs officiels du parquet,
auxquels elle convient par sa sonorité grave et
son allure majestueuse; langue où un mari s'appelle *un époux*, une femme *une épouse*, Paris *le
centre des arts et de la civilisation*, le roi, *le mo-
narque*, monseigneur l'évêque, *un saint pontife*,
l'avocat-général, *l'éloquent interprète de la vindicte*, les plaidoiries, *les accents qu'on vient
d'entendre*, le siècle de Louis XIV, *le grand
siècle*, un théâtre, *le temple de Melpomène*, la
famille régnante, *l'auguste sang de nos rois*, un
concert, *une solennité musicale*, monsieur le

général commandant le département, *l'illustre
guerrier qui*, etc., les élèves du séminaire, *ces
tendres lévites*, les erreurs imputées aux journaux, *l'imposture qui distille son venin dans les
colonnes de ces organes,* etc., etc., — l'avocat
donc avait commencé par s'expliquer sur le vol
des pommes, — chose malaisée en beau style ;
mais Bénigne Bossuet lui-même a été obligé
de faire allusion à une poule en pleine oraison
funèbre, et il s'en est tiré avec pompe. L'avocat
avait établi que le vol des pommes n'était pas
matériellement prouvé. — Son client, qu'en sa
qualité de défenseur, il persistait à appeler
Champmathieu, n'avait été vu de personne esca-
ladant le mur ou cassant la branche. — On
l'avait arrêté nanti de cette branche (que l'avocat appelait plus volontiers *rameau*) ; — mais il
disait l'avoir trouvée à terre et ramassée. Où
était la preuve du contraire?—Sans doute cette
branche avait été cassée et dérobée après escalade, puis jetée là par le maraudeur alarmé ; sans
doute il y avait un voleur.—Mais qui est-ce qui

prouvait que ce voleur était Champmathieu?
Une seule chose. Sa qualité d'ancien forçat.
L'avocat ne niait pas que cette qualité ne parût
malheureusement bien constatée; l'accusé avait
résidé à Faverolles; l'accusé y avait été émondeur; le nom de Champmathieu pouvait bien
avoir pour origine Jean Mathieu, tout cela était
vrai; enfin quatre témoins reconnaissaient sans
hésiter et positivement Champmathieu pour
être le galérien Jean Valjean; à ces indications, à ces témoignages, l'avocat ne pouvait
opposer que la dénégation de son client, dénégation intéressée; mais en supposant qu'il fût
le forçat Jean Valjean, cela prouvait-il qu'il fût
le voleur des pommes? c'était une présomption,
tout au plus; non une preuve. L'accusé, cela
était vrai, et le défenseur « dans sa bonne foi »
devait en convenir, avait adopté « un mauvais
« système de défense. » Il s'obstinait à nier
tout, le vol et sa qualité de forçat. Un aveu sur
ce dernier point eût mieux valu, à coup sûr, et
lui eût concilié l'indulgence de ses juges; l'avo-

cat le lui avait conseillé; mais l'accusé s'y était
refusé obstinément, croyant sans doute sauver
tout en n'avouant rien. C'était un tort, mais ne
fallait-il pas considérer la brièveté de cette
intelligence? Cet homme était visiblement stupide. Un long malheur au bagne, une longue
misère hors du bagne, l'avaient abruti, etc., etc.,
il se défendait mal, était-ce une raison pour le
condamner? Quant à l'affaire Petit-Gervais,
l'avocat n'avait pas à la discuter, elle n'était
point dans la cause. L'avocat concluait en sup-
pliant le jury et la cour, si l'identité de Jean
Valjean leur paraissait évidente, de lui appli-
quer les peines de police qui s'adressent au condamné en rupture de ban, et non le châtiment
épouvantable qui frappe le forçat récidiviste.

L'avocat-général répliqua au défenseur. Il
fut violent et fleuri, comme sont habituellement
les avocats-généraux.

Il félicita le défenseur de sa « loyauté, » et
profita habilement de cette loyauté. Il attei-
gnit l'accusé par toutes les concessions que

l'avocat avait faites. L'avocat semblait accorder que l'accusé était Jean Valjean. Il en prit acte. Cet homme était donc Jean Valjean. Ceci était acquis à l'accusation et ne pouvait plus se contester. Ici, par une habile antonomase, remontant aux sources et aux causes de la criminalité, l'avocat-général tonna contre l'immoralité de l'école romantique, alors à son aurore sous le nom d'*école satanique* que lui avaient décerné les critiques de la *Quotidienne* et de l'*Oriflamme;* il attribua, non sans vraisemblance, à l'influence de cette littérature perverse le délit de Champmathieu, ou pour mieux dire, de Jean Valjean. Ces considérations épuisées, il passa à Jean Valjean lui-même. Qu'était-ce que Jean Valjean? Description de Jean Valjean; un monstre vomi, etc. Le modèle de ces sortes de descriptions est dans le récit de Théramène, lequel n'est pas utile à la tragédie, mais rend tous les jours de grands services à l'éloquence judiciaire. L'auditoire et les jurés « frémirent. » La des-

cription achevée, l'avocat-général reprit, dans
un mouvement oratoire fait pour exciter au plus
haut point le lendemain matin l'enthousiasme
du Journal de la préfecture:—Et c'est un pareil
homme, etc., etc., etc., vagabond, mendiant,
sans moyens d'existence, etc., etc.,—accoutumé
par sa vie passée aux actions coupables et peu
corrigé par son séjour au bagne, comme le prouve
le crime commis sur Petit-Gervais, etc., etc.,
— c'est un homme pareil qui, trouvé sur la voie
publique en flagrant délit de vol, à quelques
pas d'un mur escaladé, tenant encore à la main
l'objet volé, nie le flagrant délit, le vol, l'escalade, nie tout, nie jusqu'à son nom, nie jusqu'à
son identité! Outre cent autres preuves sur lesquelles nous ne revenons pas, quatre témoins
le reconnaissent, Javert, l'intègre inspecteur de
police Javert, et trois de ses anciens compagnons d'ignominie, les forçats Brevet, Chenildieu et Cochepaille. Qu'oppose-t-il à cette unanimité foudroyante? Il nie. Quel endurcissement!
Vous ferez justice, messieurs les jurés, etc. etc.

—Pendant que l'avocat-général parlait, l'accusé écoutait la bouche ouverte, avec une sorte d'étonnement où il entrait bien quelque admiration. Il était évidemment surpris qu'un homme pût parler comme cela. De temps en temps, aux moments les plus « énergiques » du réquisitoire, dans ces instants où l'éloquence, qui ne peut se contenir, déborde dans un flux d'épithètes flétrissantes et enveloppe l'accusé comme un orage, il remuait lentement la tête de droite à gauche et de gauche à droite, sorte de protestation triste et muette dont il se contentait depuis le commencement des débats. Deux ou trois fois les spectateurs placés le plus près de lui l'entendirent dire à demi-voix : — Voilà ce que c'est, de n'avoir pas demandé à monsieur Baloup! — L'avocat-général fit remarquer au jury cette attitude hébétée, calculée évidemment, qui dénotait, non l'imbécillité, mais l'adresse, la ruse, l'habitude de tromper la justice, et qui mettait dans tout son jour « la profonde perversité » de cet homme. Il termina en faisant ses

réserves pour l'affaire Petit-Gervais, et en ré-
clamant une condamnation sévère.

C'était pour l'instant, on s'en souvient, les
travaux forcés à perpétuité.

Le défenseur se leva, commença par compli-
menter « monsieur l'avocat-général » sur son
« admirable parole, » puis répliqua comme il
put, mais il faiblissait; le terrain évidemment
se dérobait sous lui.

X

.

Le système de dénégations

.

L'instant de clore les débats était venu. Le président fit lever l'accusé et lui adressa la question d'usage : — Avez-vous quelque chose à ajouter à votre défense?

L'homme, debout, roulant dans ses mains un
affreux bonnet qu'il avait, sembla ne pas entendre.

Le président répéta la question.

Cette fois l'homme entendit. Il parut comprendre. Il fit le mouvement de quelqu'un qui
se réveille, promena ses yeux autour de lui,
regarda le public, les gendarmes, son avocat,
les jurés, la cour, posa son poing monstrueux
sur le rebord de la boiserie placée devant son
banc, regarda encore, et tout à coup, fixant
son regard sur l'avocat-général, il se mit à
parler. Ce fut comme une éruption. Il sembla, à
la façon dont les paroles s'échappaient de sa
bouche, incohérentes, impétueuses, heurtées,
pêle-mêle, qu'elles s'y pressaient toutes à la fois
pour sortir en même temps. Il dit :

— J'ai à dire ça. Que j'ai été charron à Paris,
même que c'était chez monsieur Baloup. C'est un
état dur, dans la chose de charron, on travaille
toujours en plein air, dans des cours, sous des
hangars chez les bons maîtres, jamais dans des

ateliers fermés, parce qu'il faut des espaces,
voyez-vous. L'hiver, on a si froid qu'on se bat
les bras pour se réchauffer, mais les maîtres ne
veulent pas, ils disent que cela perd du temps.
Manier du fer quand il y a de la glace entre les
pavés, c'est rude. Ça vous use vite un homme.
On est vieux tout jeune dans cet état là. A quarante ans, un homme est fini. Moi, j'en avais
cinquante-trois, j'avais bien du mal. Et puis
c'est si méchant les ouvriers! Quand un bonhomme n'est plus jeune, on vous l'appelle pour
tout vieux serin, vieille bête! Je ne gagnais
plus que trente sous par jour, on me payait le
moins cher qu'on pouvait, les maîtres profitaient
de mon âge. Avec ça, j'avais ma fille qui était
blanchisseuse à la rivière. Elle gagnait un peu
de son côté; à nous deux, cela allait. Elle avait
de la peine aussi. Toute la journée dans un
baquet jusqu'à mi-corps, à la pluie, à la neige,
avec le vent qui vous coupe la figure; quand il
gèle, c'est tout de même, il faut laver; il y a
des personnes qui n'ont pas beaucoup de linge

et qui attendent après; si on ne lavait pas, on perdrait des pratiques. Les planches sont mal jointes et il vous tombe des gouttes d'eau partout. On a ses jupes toutes mouillées, dessus et dessous. Ça pénètre. Elle a aussi travaillé au lavoir des Enfants Rouges, où l'eau arrive par des robinets. On n'est pas dans le baquet. On lave devant soi au robinet et on rince derrière soi dans le bassin. Comme c'est fermé, on a moins froid au corps. Mais il y a une buée d'eau chaude qui est terrible et qui vous perd les yeux. Elle revenait à sept heures du soir, et se couchait bien vite; elle était si fatiguée. Son mari la battait. Elle est morte. Nous n'avons pas été bien heureux. C'était une brave fille qui n'allait pas au bal, qui était bien tranquille. Je me rappelle un mardi-gras où elle était couchée à huit heures. Voilà. Je dis vrai. Vous n'avez qu'à demander. Ah, bien oui! demander, que je suis bête! Paris c'est un gouffre. Qui est-ce qui connaît le père Champmathieu? Pourtant je vous dis monsieur Baloup. Voyez chez monsieur Baloup. Après ça, je ne sais pas ce qu'on me veut.

L'homme se tut, et resta debout. Il avait dit ces choses d'une voix haute, rapide, rauque, dure et enrouée, avec une sorte de naïveté irritée et sauvage. Une fois il s'était interrompu pour saluer quelqu'un dans la foule. Les espèces d'affirmations qu'il semblait jeter au hasard devant lui, lui venaient comme des hoquets, et il ajoutait à chacune d'elles le geste d'un bûcheron qui fend du bois. Quand il eut fini, l'auditoire éclata de rire. Il regarda le public, et voyant qu'on riait, et ne comprenant pas, il se mit à rire lui-même.

Cela était sinistre.

Le président, homme attentif et bienveillant, éleva la voix :

Il rappela à « messieurs les jurés » que « le « sieur Baloup, l'ancien maître charron chez « lequel l'accusé disait avoir servi, avait été « inutilement cité. Il était en faillite et n'avait « pu être retrouvé. » Puis se tournant vers l'accusé, il l'engagea à écouter ce qu'il allait lui dire et ajouta : — Vous êtes dans une situation où il faut réfléchir. Les présomptions les plus graves pèsent sur vous et peuvent entraîner des conséquences capitales. Accusé, dans votre intérêt, je vous interpelle une dernière fois, expliquez-vous clairement sur ces deux faits : — Premièrement, avez-vous, oui ou non, franchi le mur du clos Pierron, cassé la branche et volé les pommes, c'est à dire, commis le crime de vol avec escalade? Deuxièmement, oui ou non, êtes-vous le forçat libéré Jean Valjean?

L'accusé secoua la tête d'un air capable, comme un homme qui a bien compris et qui sait ce qu'il va répondre. Il ouvrit la bouche, se tourna vers le président et dit :

— D'abord...

Puis il regarda son bonnet, il regarda le plafond, et se tut.

— Accusé, reprit l'avocat-général d'une voix sévère, faites attention. Vous ne répondez à rien de ce qu'on vous demande. Votre trouble vous condamne. Il est évident que vous ne vous appelez pas Champmathieu, que vous êtes le forçat Jean Valjean caché d'abord sous le nom de Jean Mathieu qui était le nom de sa mère, que vous êtes allé en Auvergne, que vous êtes né à Faverolles où vous avez été émondeur. Il est évident que vous avez volé avec escalade des pommes mûres dans le clos Pierron. Messieurs les jurés apprécieront.

L'accusé avait fini par se rasseoir; il se leva brusquement quand l'avocat-général eut fini, et il s'écria :

— Vous êtes très méchant, vous! Voilà ce que je voulais dire. Je ne trouvais pas d'abord. Je n'ai rien volé, je suis un homme qui ne mange pas tous les jours. Je venais d'Ailly, je marchais dans le pays après une ondée qui avait fait la campagne toute jaune, même que les mares débordaient et qu'il ne sortait plus des sables que de petits brins d'herbe au bord de la route, j'ai trouvé une branche cassée par terre où il y avait des pommes, j'ai ramassé la branche sans savoir qu'elle me ferait arriver de la peine. Il y a trois mois que je suis en prison et qu'on me trimballe. Après ça, je ne peux pas dire, on parle contre moi, on me dit : répondez ! Le gendarme, qui est bon enfant, me pousse le coude et me dit tout bas : réponds donc. Je ne sais pas expliquer, moi, je n'ai pas fait les études, je suis un pauvre homme. Voilà ce qu'on a tort de ne pas voir. Je n'ai pas volé, j'ai ramassé par terre des choses qu'il y avait. Vous dites Jean Valjean, Jean Mathieu ! Je ne connais pas ces personnes-là. C'est des villageois. J'ai travaillé chez monsieur Baloup, boulevard de l'Hôpital. Je m'appelle Champmathieu. Vous êtes bien malins de me dire où je suis né. Moi je l'ignore. Tout le monde n'a pas des maisons pour y venir au monde. Ce serait trop commode. Je crois que mon père et ma mère étaient des gens qui allaient sur les routes ; je ne sais pas d'ailleurs. Quand j'étais enfant, on m'appelait Petit, maintenant on m'appelle Vieux. Voilà mes noms de baptême. Prenez ça comme vous voudrez. J'ai

été en Auvergne, j'ai été à Faverolles. Pardi!
Eh bien? est-ce qu'on ne peut pas avoir été en
Auvergne et avoir été à Faverolles sans avoir
été aux galères? Je vous dis que je n'ai pas volé,
et que je suis le père Champmathieu. J'ai été
chez monsieur Baloup, j'ai été domicilié. Vous
m'ennuyez avec vos bêtises à la fin! Pourquoi
donc est-ce que le monde est après moi comme
des acharnés?

L'avocat-général était demeuré debout; il
s'adressa au président.

— Monsieur le président, en présence des
dénégations confuses, mais fort habiles, de l'accusé, qui voudrait bien se faire passer pour idiot,
mais qui n'y parviendra pas, — nous l'en préve-
nons, — nous requérons qu'il vous plaise et
qu'il plaise à la cour appeler de nouveau dans
cette enceinte les condamnés Brevet, Cochepaille et Chenildieu et l'inspecteur de police
Javert, et les interpeller une dernière fois sur
l'identité de l'accusé avec le forçat Jean Valjean.

— Je fais remarquer à monsieur l'avocat-
général, dit le président, que l'inspecteur de
police Javert, rappelé par ses fonctions au chef-
lieu d'un arrondissement voisin, a quitté l'audience et même la ville, aussitôt sa déposition
faite. Nous lui en avons accordé l'autorisation,
avec l'agrément de monsieur l'avocat-général et
du défenseur de l'accusé.

— C'est juste, monsieur le président, reprit
l'avocat-général. En l'absence du sieur Javert,
je crois devoir rappeler à messieurs les jurés ce
qu'il a dit ici même il y a peu d'heures. Javert
est un homme estimé qui honore par sa rigou-
reuse et stricte probité des fonctions inférieures,
mais importantes. Voici en quels termes il a
déposé : — « Je n'ai pas même besoin des pré-
« somptions morales et des preuves matérielles
« qui démentent les dénégations de l'accusé.
« Je le reconnais parfaitement. Cet homme ne
« s'appelle pas Champmathieu; c'est un ancien
« forçat très méchant et très redouté nommé
« Jean Valjean. On ne l'a libéré à l'expiration

« de sa peine qu'avec un extrême regret. Il a
« subi dix-neuf ans de travaux forcés pour vol
« qualifié. Il avait cinq ou six fois tenté de
« s'évader. Outre le vol Petit-Gervais et le vol
« Pierron, je le soupçonne encore d'un vol com-
« mis chez sa grandeur le défunt évêque de D.—.
« Je l'ai souvent vu, à l'époque où j'étais adju-
« dant-garde-chiourme au bagne de Toulon. Je
« répète que je le reconnais parfaitement. »

Cette déclaration si précise parut produire
une vive impression sur le public et le jury.
L'avocat-général termina en insistant pour qu'à
défaut de Javert, les trois témoins Brevet, Chenildieu et Cochepaille fussent entendus de nouveau et interpellés solennellement.

Le président transmit un ordre à un huissier
et un moment après la porte de la chambre des
témoins s'ouvrit. L'huissier, accompagné d'un
gendarme prêt à lui prêter main-forte, introduisit le condamné Brevet. L'auditoire était en
suspens et toutes les poitrines palpitaient comme
si elles n'eussent eu qu'une seule âme.

L'ancien forçat Brevet portait la veste noire et grise des maisons centrales. Brevet était un personnage d'une soixantaine d'années qui avait une espèce de figure d'homme d'affaires et l'air d'un coquin. Cela va quelquefois ensemble. Il était devenu, dans la prison où de nouveaux méfaits l'avaient ramené, quelque chose comme guichetier. C'était un homme dont les chefs disaient : Il cherche à se rendre utile. Les aumôniers portaient bon témoignage de ses habitudes religieuses. Il ne faut pas oublier que ceci se passait sous la restauration.

— Brevet, dit le président, vous avez subi une condamnation infamante et vous ne pouvez prêter serment.

Brevet baissa les yeux.

— Cependant, reprit le président, même dans l'homme que la loi a dégradé, il peut rester, quand la pitié divine le permet, un sentiment d'honneur et d'équité. C'est à ce sentiment que je fais appel à cette heure décisive. S'il existe encore en vous, et je l'espère, réfléchissez avant

de me répondre, considérez d'une part cet
homme qu'un mot de vous peut perdre, d'autre
part la justice qu'un mot de vous peut éclairer.
L'instant est solennel, et il est toujours temps
de vous rétracter, si vous croyez vous être
trompé. — Accusé, levez-vous. — Brevet, regardez bien l'accusé, recueillez vos souvenirs,
et dites-nous, en votre âme et conscience, si
vous persistez à reconnaître cet homme pour
votre ancien camarade de bagne Jean Valjean.

Brevet regarda l'accusé, puis se retourna vers
la cour.

— Oui, monsieur le président. C'est moi qui
l'ai reconnu le premier et je persiste. Cet
homme est Jean Valjean, entré à Toulon en
1796 et sorti en 1815. Je suis sorti l'an d'après.
Il a l'air d'une brute maintenant; alors ce serait
que l'âge l'a abruti; au bagne il était sournois.
Je le reconnais positivement.

— Allez vous asseoir, dit le président. Accusé,
restez debout.

On introduisit Chenildieu, forçat à vie, comme

l'indiquaient sa casaque rouge et son bonnet vert. Il subissait sa peine au bagne de Toulon, d'où on l'avait extrait pour cette affaire. C'était un petit homme d'environ cinquante ans, vif, ridé, chétif, jaune, effronté, fiévreux, qui avait dans tous ses membres et dans toute sa personne une sorte de faiblesse maladive et dans le regard une force immense. Ses compagnons du bagne l'avaient surnommé Je-nie-Dieu.

Le président lui adressa à peu près les mêmes paroles qu'à Brevet. Au moment où il lui rappela que son infamie lui ôtait le droit de prêter serment, Chenildieu leva la tête et regarda la foule en face. Le président l'invita à se recueillir et lui demanda, comme à Brevet, s'il persistait à reconnaître l'accusé.

Chenildieu éclata de rire.

— Pardieu! si je le reconnais! nous avons été cinq ans attachés à la même chaîne. Tu boudes donc, mon vieux?

— Allez vous asseoir, dit le président.

L'huissier amena Cochepaille; cet autre con-

damné à perpétuité, venu du bagne et vêtu de
rouge comme Chenildieu, était un paysan de
Lourdes et un demi-ours des Pyrénées. Il avait
gardé des troupeaux dans la montagne, et de
pâtre il avait glissé brigand. Cochepaille n'était
pas moins sauvage et paraissait plus stupide
encore que l'accusé. C'était un de ces malheureux hommes que la nature a ébauchés en bêtes
fauves et que la société termine en galériens.

Le président essaya de le remuer par quelques paroles pathétiques et graves et lui demanda, comme aux deux autres, s'il persistait,
sans hésitation et sans trouble, à reconnaître
l'homme debout devant lui.

— C'est Jean Valjean, dit Cochepaille. Même
qu'on l'appelait Jean-le-Cric, tant il était fort!

Chacune des affirmations de ces trois hommes, évidemment sincères et de bonne foi,
avait soulevé dans l'auditoire un murmure de
fâcheux augure pour l'accusé, murmure qui
croissait et se prolongeait plus longtemps,
chaque fois qu'une déclaration nouvelle venait

s'ajouter à la précédente. L'accusé, lui, les avait écoutées avec ce visage étonné qui, selon l'accusation, était son principal moyen de dé- fense. A la première, les gendarmes ses voisins l'avaient entendu grommeler entre ses dents : Ah bien! en voilà un! Après la seconde il dit un peu plus haut, d'un air presque satisfait : Bon! A la troisième il s'écria : Fameux!

Le président l'interpella :

— Accusé, vous avez entendu. Qu'avez-vous à dire?

Il répondit :

— Je dis — fameux!

Une rumeur éclata dans le public et gagna presque le jury. Il était évident que l'homme était perdu.

— Huissiers, dit le président, faites faire silence. Je vais clore les débats.

En ce moment un mouvement se fit tout à côté du président. On entendit une voix qui criait :

— Brevet, Chenildieu, Cochepaille! regardez de ce côté-ci.

Tous ceux qui entendirent cette voix se senti-
rent glacés, tant elle était lamentable et terrible.
Les yeux se tournèrent vers le point d'où elle
venait. Un homme, placé parmi les spectateurs
privilégiés qui étaient assis derrière la cour, venait de se lever, avait poussé la porte à hauteur
d'appui qui séparait le tribunal du prétoire, et
était debout au milieu de la salle. Le président,
l'avocat-général, M. Bamatabois, vingt personnes, le reconnurent, et s'écrièrent à la fois :

— Monsieur Madeleine !

XI

Champmathieu de plus en plus étonné

C'était lui en effet. La lampe du greffier éclairait son visage. Il tenait son chapeau à la main,
il n'y avait aucun désordre dans ses vêtements,
sa redingote était boutonnée avec soin. Il était

très pâle et il tremblait légèrement. Ses cheveux, gris encore au moment de son arrivée
à Arras, étaient maintenant tout à fait blancs.
Ils avaient blanchi depuis une heure qu'il
était là.

Toutes les têtes se dressèrent. La sensation
fut indescriptible. Il y eut dans l'auditoire un
instant d'hésitation. La voix avait été si poignante, l'homme qui était là paraissait si calme,
qu'au premier abord on ne comprit pas. On se
demanda qui avait crié. On ne pouvait croire
que ce fût cet homme tranquille qui eût jeté ce
cri effrayant.

Cette indécision ne dura que quelques secondes. Avant même que le président et l'avocat-général eussent pu dire un mot, avant que
les gendarmes et les huissiers eussent pu faire
un geste, l'homme que tous appelaient encore en
ce moment M. Madeleine s'était avancé vers les
témoins Cochepaille, Brevet et Chenildieu.

— Vous ne me reconnaissez pas? dit-il.

Tous trois demeurèrent interdits et indi-

quèrent par un signe de tête qu'ils ne le connais-
saient point. Cochepaille intimidé fit le salut
militaire. M. Madeleine se tourna vers les jurés
et vers la cour et dit d'une voix douce :

— Messieurs les jurés, faites relâcher l'accusé. Monsieur le président, faites-moi arrêter.
L'homme que vous cherchez, ce n'est pas lui,
c'est moi. Je suis Jean Valjean.

Pas une bouche ne respirait. A la première
commotion de l'étonnement avait succédé un
silence de sépulcre. On sentait dans la salle
cette espèce de terreur religieuse qui saisit la
foule lorsque quelque chose de grand s'accomplit.

Cependant le visage du président s'était em-
preint de sympathie et de tristesse; il avait
échangé un signe rapide avec l'avocat-général
et quelques paroles à voix basse avec les con-
seillers assesseurs. Il s'adressa au public et
demanda avec un accent qui fut compris de
tous :

— Y a-t-il un médecin ici?

L'avocat-général prit la parole :

— Messieurs les jurés, l'incident si étrange et si inattendu qui trouble l'audience ne nous inspire, ainsi qu'à vous, qu'un sentiment que nous n'avons pas besoin d'exprimer. Vous connaissez tous, au moins de réputation, l'honorable M. Madeleine, maire de M.— sur M.—. S'il y a un médecin dans l'auditoire, nous nous joignons à monsieur le président pour le prier de vouloir bien assister monsieur Madeleine et le reconduire à sa demeure.

M. Madeleine ne laissa point achever l'avocat-général. Il l'interrompit d'un accent plein de mansuétude et d'autorité. Voici les paroles qu'il prononça ; les voici littéralement, telles qu'elles furent écrites immédiatement après l'audience par un des témoins de cette scène, telles qu'elles sont encore dans l'oreille de ceux qui les ont entendues, il y a près de quarante ans aujourd'hui.

— Je vous remercie, monsieur l'avocat-général, mais je ne suis pas fou. Vous allez voir.

Vous étiez sur le point de commettre une grande
erreur, lâchez cet homme, j'accomplis un devoir, je suis ce malheureux condamné. Je suis
le seul qui voie clair ici, et je vous dis la vérité.
Ce que je fais en ce moment, Dieu, qui est là
haut, le regarde, et cela suffit. Vous pouvez me
prendre, puisque me voilà. J'avais pourtant fait
de mon mieux. Je me suis caché sous un nom ;
je suis devenu riche, je suis devenu maire ; j'ai
voulu rentrer parmi les honnêtes gens. Il paraît
que cela ne se peut pas. Enfin, il y a bien des
choses que je ne puis pas dire, je ne vais pas
vous raconter ma vie, un jour on saura. J'ai
volé monseigneur l'évêque, cela est vrai ; j'ai
volé Petit-Gervais, cela est vrai. On a eu raison
de vous dire que Jean Valjean était un malheureux très méchant. Toute la faute n'est peut-être
pas à lui. Écoutez, messieurs les juges, un
homme aussi abaissé que moi n'a pas de remon-
trance à faire à la Providence ni de conseil à
donner à la société ; mais voyez-vous, l'infamie
d'où j'avais essayé de sortir est une chose nui-

sible. Les galères font le galérien. Recueillez cela, si vous voulez. Avant le bagne, j'étais un pauvre paysan, très peu intelligent, une espèce d'idiot; le bagne m'a changé. J'étais stupide, je suis devenu méchant; j'étais bûche, je suis devenu tison. Plus tard l'indulgence et la bonté m'ont sauvé, comme la sévérité m'avait perdu. Mais, pardon; vous ne pouvez pas comprendre ce que je dis là. Vous trouverez chez moi, dans les cendres de la cheminée, la pièce de quarante sous que j'ai volée il y a sept ans à Petit-Gervais. Je n'ai plus rien à ajouter. Prenez-moi. Mon Dieu! monsieur l'avocat-général remue la tête, vous dites : M. Madeleine est devenu fou; vous ne me croyez pas! Voilà qui est affligeant. N'allez point condamner cet homme au moins! Quoi! ceux-ci ne me reconnaissent pas! Je voudrais que Javert fût ici. Il me reconnaîtrait, lui!

Rien ne pourrait rendre ce qu'il y avait de mélancolie bienveillante et sombre dans l'accent qui accompagnait ces paroles.

Il se tourna vers les trois forçats :

— Eh bien, je vous reconnais, moi! Brevet! vous rappelez-vous?...

Il s'interrompit, hésita un moment, et dit :

— Te rappelles-tu ces bretelles en tricot à damier que tu avais au bagne?

Brevet eut comme une secousse de surprise et le regarda de la tête aux pieds d'un air effrayé. Lui continua :

— Chenildieu, qui te surnommais toi-même Je-nie-Dieu, tu as toute l'épaule droite brûlée profondément, parce que tu t'es couché un jour l'épaule sur un réchaud plein de braise, pour effacer les trois lettres T. F. P., qu'on y voit toujours cependant. Réponds, est-ce vrai?

— C'est vrai, dit Chenildieu.

Il s'adressa à Cochepaille :

— Cochepaille, tu as près de la saignée du bras gauche une date gravée en lettres bleues avec de la poudre brûlée. Cette date, c'est celle du débarquement de l'empereur à Cannes, 1er *mars* 1815. Relève ta manche.

Cochepaille releva sa manche, tous les regards se penchèrent autour de lui sur son bras
nu. Un gendarme approcha une lampe; la date
y était.

Le malheureux homme se tourna vers l'auditoire et vers les juges avec un sourire dont ceux
qui l'ont vu sont encore navrés lorsqu'ils y
songent. C'était le sourire du triomphe, c'était
aussi le sourire du désespoir.

— Vous voyez bien, dit-il, que je suis Jean
Valjean.

Il n'y avait plus dans cette enceinte ni juges,
ni accusateurs, ni gendarmes; il n'y avait que
des yeux fixes et des cœurs émus. Personne ne
se rappelait plus le rôle que chacun pouvait
avoir à jouer; l'avocat-général oubliait qu'il
était là pour requérir, le président qu'il était là
pour présider, le défenseur qu'il était là pour
défendre. Chose frappante, aucune question
ne fut faite, aucune autorité n'intervint. Le
propre des spectacles sublimes, c'est de prendre
toutes les âmes et de faire de tous les témoins

des spectateurs. Aucun peut-être ne se rendait compte de ce qu'il éprouvait; aucun, sans doute, ne se disait qu'il voyait resplendir là une grande lumière; tous intérieurement se sentaient éblouis.

Il était évident qu'on avait sous les yeux Jean Valjean. Cela rayonnait. L'apparition de cet homme avait suffi pour remplir de clarté cette aventure si obscure le moment d'auparavant. Sans qu'il fût besoin d'aucune explication désormais, toute cette foule, comme par une sorte de révélation électrique, comprit tout de suite et d'un seul coup d'œil cette simple et magnifique histoire d'un homme qui se livrait pour qu'un autre homme ne fût pas condamné à sa place. Les détails, les hésitations, les petites résistances possibles se perdirent dans ce vaste fait lumineux.

Impression qui passa vite, mais qui dans l'instant fut irrésistible.

— Je ne veux pas déranger davantage l'audience, reprit Jean Valjean. Je m'en vais, puisqu'on ne m'arrête pas. J'ai plusieurs choses à faire. Monsieur l'avocat-général sait qui je suis, il sait où je vais, il me fera arrêter quand il voudra.

Il se dirigea vers la porte de sortie. Pas une voix ne s'éleva, pas un bras ne s'étendit pour l'empêcher. Tous s'écartèrent. Il avait en ce moment ce je ne sais quoi de divin qui fait que les multitudes reculent et se rangent devant un homme. Il traversa la foule à pas lents. On n'a jamais su qui ouvrit la porte, mais il est certain que la porte se trouva ouverte lorsqu'il y parvint. Arrivé là, il se retourna et dit :

— Monsieur l'avocat-général, je reste à votre disposition.

Puis il s'adressa à l'auditoire :

— Vous tous, tous ceux qui sont ici, vous me trouvez digne de pitié, n'est-ce pas? Mon Dieu! quand je pense à ce que j'ai été sur le point de faire, je me trouve digne d'envie. Cependant j'aurais mieux aimé que tout ceci n'arrivât pas.

Il sortit, et la porte se referma comme elle

avait été ouverte, car.ceux qui font de certaines choses souveraines sont toujours sûrs d'être servis par quelqu'un dans la foule.

Moins d'une heure après, le verdict du jury déchargeait de toute accusation le nommé Champmathieu ; et Champmathieu, mis en liberté immédiatement, s'en allait stupéfait, croyant tous les hommes fous et ne comprenant rien à cette vision.

LIVRE HUITIÈME

CONTRE-COUP

I

Dans quel miroir M. Madeleine regarde
ses cheveux

Le jour commençait à poindre. Fantine avait
eu une nuit de fièvre et d'insomnie, pleine d'ailleurs d'images heureuses ; au matin, elle s'endormit. La sœur Simplice qui l'avait veillée

profita de ce sommeil pour aller préparer une
nouvelle potion de quinquina. La digne sœur
était depuis quelques instants dans le labora-
toire de l'infirmerie, penchée sur ses drogues et
sur ses fioles et regardant de très près, à cause
de cette brume que le crépuscule répand sur les
objets. Tout à coup elle tourna la tête et fit un
léger cri. M. Madeleine était devant elle. Il
venait d'entrer silencieusement.

— C'est vous, monsieur le maire! s'écria-
t-elle.

Il répondit, à voix basse :

— Comment va cette pauvre femme?

— Pas mal en ce moment. Mais nous avons
été bien inquiets, allez!

Elle lui expliqua ce qui s'était passé, que
Fantine était bien mal la veille et que maintenant elle était mieux, parce qu'elle croyait que
monsieur le maire était allé chercher son enfant
à Montfermeil. La sœur n'osa pas interroger
monsieur le maire, mais elle vit bien à son air
que ce n'était point de là qu'il venait.

— Tout cela est bien, dit-il, vous avez eu raison de ne pas la détromper.

— Oui, reprit la sœur, mais maintenant, monsieur le maire, qu'elle va vous voir et qu'elle ne verra pas son enfant, que lui dirons-nous?

Il resta un moment rêveur.

— Dieu nous inspirera, dit-il.

— On ne pourrait cependant pas mentir, murmura la sœur à demi-voix.

Le plein jour s'était fait dans la chambre. Il éclairait en face le visage de M. Madeleine. Le hasard fit que la sœur leva les yeux.

— Mon Dieu, monsieur! s'écria-t-elle, que vous est-il donc arrivé? vos cheveux sont tout blancs!

— Blancs! dit-il.

La sœur Simplice n'avait point de miroir; elle fouilla dans une trousse et en tira une petite glace dont se servait le médecin de l'infirmerie pour constater qu'un malade était mort et ne respirait plus. M. Madeleine prit la glace, y considéra ses cheveux et dit : Tiens!

Il prononça ce mot avec indifférence et comme s'il pensait à autre chose.

La sœur se sentit glacée par je ne sais quoi d'inconnu qu'elle entrevoyait dans tout ceci.

Il demanda :

— Puis-je la voir?

— Est-ce que monsieur le maire ne lui fera pas revenir son enfant? dit la sœur, osant à peine hasarder une question.

— Sans doute, mais il faut au moins deux ou trois jours.

— Si elle ne voyait pas monsieur le maire d'ici-là, reprit timidement la sœur, elle ne saurait pas que monsieur le maire est de retour, il serait aisé de lui faire prendre patience, et quand l'enfant arriverait, elle penserait tout naturellement que monsieur le maire est arrivé avec l'enfant. On n'aurait pas de mensonge à faire.

M. Madeleine parut réfléchir quelques instants, puis il dit avec sa gravité calme :

— Non, ma sœur, il faut que je la voie. Je suis peut-être pressé.

La religieuse ne sembla pas remarquer ce
mot : « peut-être, » qui donnait un sens obscur
et singulier aux paroles de M. le maire. Elle
répondit en baissant les yeux et la voix respectueusement :

— En ce cas, elle repose, mais monsieur le
maire peut entrer.

Il fit quelques observations sur une porte qui
fermait mal, et dont le bruit pouvait réveiller
la malade, puis il entra dans la chambre de
Fantine, s'approcha du lit et entr'ouvrit les
rideaux. Elle dormait. Son souffle sortait de sa
poitrine avec ce bruit tragique qui est propre à
ces maladies, et qui navre les pauvres mères
lorsqu'elles veillent la nuit près de leur enfant
condamné et endormi. Mais cette respiration
pénible troublait à peine une sorte de sérénité ineffable, répandue sur son visage, qui la
transfigurait dans son sommeil. Sa pâleur
était devenue de la blancheur ; ses joues étaient
vermeilles. Ses longs cils blonds, la seule
beauté qui lui fût restée de sa virginité et de

sa jeunesse, palpitaient tout en demeurant
clos et baissés. Toute sa personne tremblait
de je ne sais quel déploiement d'ailes prêtes
à s'entr'ouvrir et à l'emporter, qu'on sentait
frémir, mais qu'on ne voyait pas. A la voir
ainsi, on n'eût jamais pu croire que c'était
là une malade presque désespérée. Elle ressemblait plutôt à ce qui va s'envoler qu'à ce qui
va mourir.

La branche, lorsqu'une main s'approche pour
détacher la fleur, frissonne, et semble à la fois
se dérober et s'offrir. Le corps humain a quelque
chose de ce tressaillement, quand arrive l'instant où les doigts mystérieux de la mort vont
cueillir l'âme.

M. Madeleine resta quelque temps immobile
près de ce lit, regardant tour à tour la malade
et le crucifix, comme il faisait deux mois auparavant, le jour où il était venu pour la première
fois la voir dans cet asile. Ils étaient encore là
tous les deux dans la même attitude; elle dormant, lui priant; seulement maintenant, depuis

ces deux mois écoulés, elle avait des cheveux gris et lui des cheveux blancs.

La sœur n'était pas entrée avec lui. Il se tenait près de ce lit, debout, le doigt sur la bouche, comme s'il y eût dans la chambre quelqu'un à faire taire.

Elle ouvrit les yeux, le vit, et dit paisiblement, avec un sourire :

— Et Cosette?

II

Fantine heureuse

Elle n'eut pas un mouvement de surprise, ni
un mouvement de joie; elle était la joie même.
Cette simple question : —. Et Cosette? fut faite
avec une foi si profonde, avec tant de certitude,

avec une absence si complète d'inquiétude et de
doute, qu'il ne trouva pas une parole. Elle continua :

— Je savais que vous étiez là, je dormais,
mais je vous voyais. Il y a longtemps que je
vous vois, je vous ai suivi des yeux toute
la nuit. Vous étiez dans une gloire et vous
aviez autour de vous toutes sortes de figures
célestes.

Il leva son regard vers le crucifix.

— Mais, reprit-elle, dites-moi donc où est
Cosette? Pourquoi ne l'avoir pas mise sur mon
lit pour le moment où je m'éveillerais?

Il répondit machinalement quelque chose qu'il
n'a jamais pu se rappeler plus tard.

Heureusement le médecin, averti, était survenu. Il vint en aide à M. Madeleine.

— Mon enfant, dit le médecin, calmez-vous.
Votre enfant est là.

Les yeux de Fantine s'illuminèrent et cou-
vrirent de clarté tout son visage. Elle joignit
les mains avec une expression qui contenait tout

ce que la prière peut avoir à la fois de plus violent et de plus doux :

— Oh! s'écria-t-elle, apportez-la moi!

Touchante illusion de mère! Cosette était
toujours pour elle le petit enfant qu'on apporte.

— Pas encore, reprit le médecin, pas en ce
moment. Vous avez un reste de fièvre. La vue
de votre enfant vous agiterait et vous ferait du
mal. Il faut d'abord vous guérir.

Elle l'interrompit impétueusement.

— Mais je suis guérie! je vous dis que je suis
guérie! Est-il âne, ce médecin. Ah ça! je veux
voir mon enfant, moi!

— Vous voyez, dit le médecin, comme vous
vous emportez. Tant que vous serez ainsi, je
m'opposerai à ce que vous ayez votre enfant. Il
ne suffit pas de la voir, il faut vivre pour elle.
Quand vous serez raisonnable, je vous l'amè-
nerai moi-même.

La pauvre mère courba la tête.

— Monsieur le médecin, je vous demande
pardon, je vous demande vraiment bien pardon.

Autrefois je n'aurais pas parlé comme je viens de faire, il m'est arrivé tant de malheurs que quelquefois je ne sais plus ce que je dis. Je comprends, vous craignez l'émotion, j'attendrai tant que vous voudrez, mais je vous jure que cela ne m'aurait pas fait de mal de voir ma fille. Je la vois, je ne la quitte pas des yeux depuis hier au soir. Savez-vous? on me l'apporterait maintenant que je me mettrais à lui parler doucement. Voilà tout. Est-ce que ce n'est pas bien naturel que j'aie envie de voir mon enfant qu'on a été me chercher exprès à Montfermeil? Je ne suis pas en colère. Je sais bien que je vais être heureuse. Toute la nuit j'ai vu des choses blanches et des personnes qui me souriaient. Quand monsieur le médecin voudra, il m'apportera ma Cosette. Je n'ai plus de fièvre, puisque je suis guérie; je sens bien que je n'ai plus rien du tout; mais je vais faire comme si j'étais malade et ne pas bouger pour faire plaisir aux dames d'ici. Quand on verra que je suis bien tranquille, on dira : il faut lui donner son enfant.

M. Madeleine s'était assis sur une chaise qui était à côté du lit. Elle se tourna vers lui; elle faisait visiblement effort pour paraître calme et « bien sage, » comme elle disait dans cet affaiblissement de la maladie qui ressemble à l'enfance, afin que, la voyant si paisible, on ne fît pas difficulté de lui amener Cosette. Cependant, tout en se contenant, elle ne pouvait s'empêcher d'adresser à M. Madeleine mille questions.

— Avez-vous fait un bon voyage, monsieur le maire? Oh! comme vous êtes bon d'avoir été me la chercher! Dites-moi seulement comment elle est. A-t-elle bien supporté la route? Hélas! elle ne me reconnaîtra pas! Depuis le temps, elle m'a oubliée, pauvre chou! Les enfants, cela n'a pas de mémoire. C'est comme des oiseaux. Aujourd'hui cela voit une chose et demain une autre, et cela ne pense plus à rien. Avait-elle du linge blanc seulement? Ces Thénardier la tenaient-ils proprement? Comment la nourrissait-on? Oh! comme j'ai souffert, si vous saviez! de me faire toutes ces questions-là dans le temps de ma misère! Maintenant, c'est passé! Je suis joyeuse! Oh! que je voudrais donc la voir! Monsieur le maire, l'avez-vous trouvée jolie? N'est-ce pas qu'elle est belle, ma fille? Vous devez avoir eu bien froid dans cette diligence? Est-ce qu'on ne pourrait pas l'amener rien qu'un petit moment? On la remporterait tout de suite après! Dites! vous qui êtes le maître, si vous vouliez!

Il lui prit la main : — Cosette est belle, dit-il, Cosette se porte bien, vous la verrez bientôt, mais apaisez-vous. Vous parlez trop vivement, et puis vous sortez vos bras du lit, et cela vous fait tousser.

En effet des quintes de toux interrompaient Fantine presque à chaque mot.

Fantine ne murmura pas, elle craignit d'avoir compromis par quelques plaintes trop passionnées la confiance qu'elle voulait inspirer, et elle se mit à dire des paroles indifférentes.

— C'est assez joli, Montfermeil, n'est-ce pas? L'été, on va y faire des parties de plaisir. Ces

Thénardier font-ils de bonnes affaires? Il ne passe pas grand monde dans leur pays. C'est une espèce de gargote que cette auberge-là.

M. Madeleine lui tenait toujours la main, il la considérait avec anxiété; il était évident qu'il était venu pour lui dire des choses devant lesquelles sa pensée hésitait maintenant. Le médecin, sa visite faite, s'était retiré. La sœur Simplice était seule restée auprès d'eux.

Cependant, au milieu de ce silence, Fantine s'écria :

— Je l'entends! mon Dieu! je l'entends!

Elle étendit le bras pour qu'on se tût autour d'elle, retint son souffle, et se mit à écouter avec ravissement.

Il y avait un enfant qui jouait dans la cour; l'enfant de la portière ou d'une ouvrière quelconque. C'est là un de ces hasards qu'on retrouve toujours et qui semble faire partie de la mystérieuse mise en scène des événements lugubres. L'enfant, c'était une petite fille, allait, venait, courait pour se réchauffer, riait et chan-

tait à haute voix. Hélas! à quoi les jeux des
enfants ne se mêlent-ils pas! C'était cette petite
fille que Fantine entendait chanter.

— Oh! reprit-elle, c'est ma Cosette! je reconnais sa voix!

L'enfant s'éloigna comme il était venu, la voix
s'éteignit, Fantine écouta encore quelque temps,
puis son visage s'assombrit, et M. Madeleine
l'entendit qui disait à voix basse : — Comme
ce médecin est méchant de ne pas me laisser
voir ma fille! Il a une mauvaise figure, cet
homme-là!

Cependant le fond riant de ses idées revint.
Elle continua de se parler à elle-même, la tête
sur l'oreiller : — Comme nous allons être heureuses! Nous aurons un petit jardin, d'abord!
monsieur Madeleine me l'a promis. Ma fille
jouera dans le jardin. Elle doit savoir ses lettres
maintenant. Je la ferai épeler. Elle courra dans
l'herbe après les papillons. Je la regarderai. Et
puis, elle fera sa première communion. Ah ça!
quand fera-t-elle sa première communion?

Elle se mit à compter sur ses doigts.

— ... Un, deux, trois, quatre,... elle a sept ans. Dans cinq ans. Elle aura un voile blanc, des bas à jour, elle aura l'air d'une petite femme. O ma bonne sœur, vous ne savez pas comme je suis bête, voilà que je pense à la première communion de ma fille!

Et elle se mit à rire.

Il avait quitté la main de Fantine. Il écoutait ces paroles comme on écoute un vent qui souffle, les yeux à terre, l'esprit plongé dans des réflexions sans fond. Tout à coup elle cessa de parler, cela lui fit lever machinalement la tête. Fantine était devenue effrayante.

Elle ne parlait plus, elle ne respirait plus; elle s'était soulevée à demi sur son séant, son épaule maigre sortait de sa chemise; son visage, radieux le moment d'auparavant, était blême, et elle paraissait fixer sur quelque chose de formidable, devant elle, à l'autre extrémité de la chambre, son œil agrandi par la terreur.

— Mon Dieu! s'écria-t-il. Qu'avez-vous, Fantine?

Elle ne répondit pas, elle ne quitta point des
yeux l'objet quelconque qu'elle semblait voir,
elle lui toucha le bras d'une main et de l'autre
lui fit signe de regarder derrière lui.

Il se retourna, et vit Javert.

III

Javert content

Voici ce qui s'était passé :

Minuit et demi venait de sonner, quand M. Madeleine était sorti de la salle des assises d'Arras. Il était rentré à son auberge juste à temps pour

repartir par la malle-poste où l'on se rappelle
qu'il avait retenu sa place. Un peu avant six
heures du matin, il était arrivé à M.—sur M.—,
et son premier soin avait été de jeter à la poste
sa lettre à M. Laffitte, puis d'entrer à l'infirmerie
et de voir Fantine.

Cependant, à peine avait-il quitté la salle
d'audience de la cour d'assises, que l'avocat-
général, revenu du premier saisissement, avait
pris la parole pour déplorer l'acte de folie de
l'honorable maire de M.— sur M.—, déclarer
que ses convictions n'étaient en rien modifiées
par cet incident bizarre qui s'éclaircirait plus
tard, et requérir, en attendant, la condamnation
de ce Champmathieu, évidemment le vrai Jean
Valjean. La persistance de l'avocat-général était
visiblement en contradiction avec le sentiment
de tous, du public, de la cour et du jury. Le
défenseur avait eu peu de peine à réfuter cette
harangue et à établir que, par suite des révéla-
tions de M. Madeleine, c'est à dire du vrai
Jean Valjean, la face de l'affaire était boulever-

sée de fond en comble, et que le jury n'avait
plus devant les yeux qu'un innocent. L'avocat
avait tiré de là quelques épiphonèmes, malheureusement peu neufs, sur les erreurs judi-
ciaires, etc., etc.; le président, dans son
résumé, s'était joint au défenseur, et le jury
en quelques minutes avait mis hors de cause
Champmathieu.

Cependant il fallait un Jean Valjean à l'avocat-général, et n'ayant plus Champmathieu, il
prit Madeleine.

Immédiatement après la mise en liberté de
Champmathieu, l'avocat-général s'enferma avec
le président. Ils conférèrent « de la nécessité de
« se saisir de la personne de M. le maire de
« M.—sur M.—. » Cette phrase, où il y a beaucoup de *de*, est de M. l'avocat-général, entièrement écrite de sa main sur la minute de son
rapport au procureur-général. La première
émotion passée, le président fit peu d'objections.
Il fallait bien que justice eût son cours. Et puis,
pour tout dire, quoique le président fût homme

bon et assez intelligent, il était en même temps
fort royaliste et presque ardent, et il avait été
choqué que le maire de M.— sur M.—, en parlant du débarquement à Cannes, eût dit l'*empereur* et non *Buonaparte*.

L'ordre d'arrestation fut donc expédié. L'avocat-général l'envoya à M.— sur M.— par un
exprès, à franc-étrier, et en chargea l'inspecteur de police Javert.

On sait que Javert était revenu à M.— sur
M.— immédiatement après avoir fait sa déposition.

Javert se levait au moment où l'exprès lui
remit l'ordre d'arrestation et le mandat d'amener.

L'exprès était lui-même un homme de police
fort entendu qui, en deux mots, mit Javert au
fait de ce qui était arrivé à Arras. L'ordre d'arrestation, signé de l'avocat-général, était ainsi
conçu : — L'inspecteur Javert appréhendera
au corps le sieur Madeleine, maire de M.—
sur M.—, qui, dans l'audience de ce jour, a été

reconnu pour être le forçat libéré Jean Valjean.

Quelqu'un qui n'eût pas connu Javert et qui
l'eût vu au moment où il pénétra dans l'antichambre de l'infirmerie, n'eût pu rien deviner
de ce qui se passait, et lui eût trouvé l'air le
plus ordinaire du monde. Il était froid, calme,
grave, avait ses cheveux gris parfaitement lis-
sés sur les tempes et venait de monter l'escalier
avec sa lenteur habituelle. Quelqu'un qui l'eût
connu à fond et qui l'eût examiné attentivement, eût frémi. La boucle de son col de cuir,
au lieu d'être sur sa nuque, était sur son oreille
gauche. Ceci révélait une agitation inouïe.

Javert était un caractère complet, ne faisant
faire de pli ni à son devoir, ni à son uniforme;
méthodique avec les scélérats, rigide avec les
boutons de son habit.

Pour qu'il eût mal mis la boucle de son col,
il fallait qu'il y eût en lui une de ces émotions
qu'on pourrait appeler des tremblements de
terre intérieurs.

Il était venu simplement, avait requis un caporal et quatre soldats au poste voisin, avait laissé les soldats dans la cour, et s'était fait indiquer la chambre de Fantine par la portière sans défiance, accoutumée qu'elle était à voir des gens armés demander monsieur le maire.

Arrivé à la chambre de Fantine, Javert tourna la clef, poussa la porte avec une douceur de garde-malade ou de mouchard, et entra.

A proprement parler, il n'entra pas. Il se tint debout dans la porte entre-bâillée, le chapeau sur la tête, la main gauche dans sa redingote fermée jusqu'au menton. Dans le pli du coude on pouvait voir le pommeau de plomb de son énorme canne, laquelle disparaissait derrière lui.

Il resta ainsi près d'une minute, sans qu'on s'aperçût de sa présence. Tout à coup Fantine leva les yeux, le vit et fit retourner M. Madeleine.

A l'instant où le regard de Madeleine rencontra le regard de Javert, Javert, sans bouger, sans remuer, sans approcher, devint épouvantable. Aucun sentiment humain ne réussit à être effroyable comme la joie.

Ce fut le visage d'un démon qui vient de retrouver son damné.

La certitude de tenir enfin Jean Valjean fit apparaître sur sa physionomie tout ce qu'il avait dans l'âme. Le fond remué monta à la surface. L'humiliation d'avoir un peu perdu la piste et de s'être mépris quelques minutes sur ce Champmathieu, s'effaçait sous l'orgueil d'avoir si bien deviné d'abord et d'avoir eu si longtemps un instinct juste. Le contentement de Javert éclata dans son attitude souveraine. La difformité du triomphe s'épanouit sur ce front étroit. Ce fut tout le déploiement d'horreur que peut donner une figure satisfaite.

Javert en ce moment était au ciel. Sans qu'il s'en rendît nettement compte, mais pourtant avec une intuition confuse de sa nécessité et de son succès, il personnifiait, lui Javert, la justice, la lumière et la vérité dans leur fonction

céleste d'écrasement du mal. Il avait derrière
lui et autour de lui, à une profondeur infinie,
l'autorité, la raison, la chose jugée, la conscience légale, la vindicte publique, toutes les
étoiles; il protégeait l'ordre, il faisait sortir de
la loi la foudre, il vengeait la société, il prêtait
main-forte à l'absolu; il se dressait dans une
gloire; il y avait dans sa victoire un reste de
défi et de combat; debout, altier, éclatant, il
étalait en plein azur la bestialité surhumaine
d'un archange féroce; l'ombre redoutable de
l'action qu'il accomplissait faisait visible à son
poing crispé le vague flamboiement de l'épée
sociale; heureux et indigné, il tenait sous son
talon le crime, le vice, la rébellion, la perdi-
tion, l'enfer, il rayonnait, il exterminait, il souriait, et il y avait une incontestable grandeur
dans ce saint Michel monstrueux.

Javert, effroyable, n'avait rien d'ignoble.

La probité, la sincérité, la candeur, la conviction, l'idée du devoir, sont des choses qui, en
se trompant, peuvent devenir hideuses, mais

qui, même hideuses, restent grandes; leur ma-
jesté, propre à la conscience humaine, persiste
dans l'horreur : ce sont des vertus qui ont un
vice, l'erreur. L'impitoyable joie honnête d'un
fanatique en pleine atrocité conserve on ne sait
quel rayonnement lugubrement vénérable. Sans
qu'il s'en doutât, Javert, dans son bonheur formidable, était à plaindre comme tout ignorant
qui triomphe. Rien n'était poignant et terrible
comme cette figure où se montrait ce qu'on
pourrait appeler tout le mauvais du bon.

IV

L'autorité reprend ses droits

La Fantine n'avait point vu Javert depuis le
jour où M. le maire l'avait arrachée à cet
homme. Son cerveau malade ne se rendit
compte de rien, seulement elle ne douta pas
qu'il ne revînt la chercher. Elle ne put supporter

cette figure affreuse, elle se sentit expirer, elle
cacha son visage de ses deux mains et cria
avec angoisse :

— Monsieur Madeleine, sauvez-moi !

Jean Valjean, — nous ne le nommerons plus
désormais autrement, — s'était levé. Il dit à
Fantine de sa voix la plus douce et la plus
calme :

— Soyez tranquille. Ce n'est pas pour vous
qu'il vient.

Puis il s'adressa à Javert et lui dit :

— Je sais ce que vous voulez.

Javert répondit :

— Allons, vite !

Il y eut dans l'inflexion qui accompagna ces
deux mots, je ne sais quoi de fauve et de fréné-
tique. Javert ne dit pas : Allons, vite ! il dit :
Allonouaîte ! Aucune orthographe ne pourrait
rendre l'accent dont cela fut prononcé ; ce n'était
plus une parole humaine ; c'était un rugissement.

Il ne fit point comme d'habitude ; il n'entra

point en matière; il n'exhiba point de mandat d'amener. Pour lui, Jean Valjean était une sorte de combattant mystérieux et insaisissable, un lutteur ténébreux qu'il étreignait depuis cinq ans sans pouvoir le renverser. Cette arrestation n'était pas un commencement, mais une fin. Il se borna à dire : Allons, vite!

En parlant ainsi, il ne fit point un pas; il lança sur Jean Valjean ce regard qu'il jetait comme un crampon, et avec lequel il avait coutume de tirer violemment les misérables à lui.

C'était ce regard que la Fantine avait senti pénétrer jusque dans la moelle de ses os, deux mois auparavant.

Au cri de Javert, Fantine avait rouvert les yeux. Mais M. le maire était là, que pouvait-elle craindre?

Javert avança au milieu de la chambre et cria :

— Ah ça! viendras-tu!

La malheureuse regarda autour d'elle. Il n'y avait personne que la religieuse et monsieur le maire. A qui pouvait s'adresser ce tutoiement abject? A elle seulement. Elle frissonna.

Alors elle vit une chose inouïe, tellement inouïe que jamais rien de pareil ne lui était apparu dans les plus noirs délires de la fièvre.

Elle vit le mouchard Javert saisir au collet monsieur le maire; elle vit monsieur le maire courber la tête. Il lui sembla que le monde s'évanouissait.

Javert, en effet, avait pris Jean Valjean au collet.

— Monsieur le maire! cria Fantine.

Javert éclata de rire, de cet affreux rire qui lui déchaussait toutes les dents.

— Il n'y a plus de monsieur le maire ici!

Jean Valjean n'essaya pas de déranger la main qui tenait le col de sa redingote. Il dit :

— Javert...

Javert l'interrompit : — Appelle-moi monsieur l'inspecteur.

— Monsieur, reprit Jean Valjean, je voudrais vous dire un mot en particulier.

— Tout haut! parle tout haut, répondit Javert; on me parle tout haut à moi!

Jean Valjean continua en baissant la voix :

— C'est une prière que j'ai à vous faire...

— Je te dis de parler tout haut.

— Mais cela ne doit être entendu que de vous seul...

— Qu'est-ce que cela me fait? je n'écoute pas!

Jean Valjean se tourna vers lui et lui dit rapidement et très bas :

— Accordez-moi trois jours! Trois jours pour aller chercher l'enfant de cette malheureuse femme! Je paierai ce qu'il faudra! Vous m'accompagnerez, si vous voulez.

— Tu veux rire! cria Javert. Ah ça! je ne te croyais pas bête! Tu me demandes trois jours pour t'en aller! Tu dis que c'est pour aller chercher l'enfant de cette fille! Ah! ah! c'est bon! voilà qui est bon!

Fantine eut un tremblement.

— Mon enfant! s'écria-t-elle, aller chercher

mon enfant! Elle n'est donc pas ici! Ma sœur,
répondez-moi, où est Cosette? Je veux mon enfant! monsieur Madeleine! monsieur le maire!

Javert frappa du pied.

— Voilà l'autre à présent! te tairas-tu, drôlesse! Gredin de pays où les galériens sont
magistrats et où les filles publiques sont soi-
gnées comme des comtesses! Ah, mais! tout ça
va changer; il était temps!

Il regarda fixement Fantine et ajouta, en
reprenant à poignée la cravate, la chemise et
le collet de Jean Valjean :

— Je te dis qu'il n'y a point de monsieur
Madeleine et qu'il n'y a point de monsieur le
maire. Il y a un voleur, il y a un brigand, il y
a un forçat appelé Jean Valjean! c'est lui que
je tiens! voilà ce qu'il y a!

Fantine se dressa en sursaut, appuyée sur
ses bras raides et sur ses deux mains, elle
regarda Jean Valjean, elle regarda Javert, elle
regarda la religieuse, elle ouvrit la bouche
comme pour parler, un râle sortit du fond de

sa gorge, ses dents claquèrent, elle étendit les bras avec angoisse, ouvrant convulsivement les mains, et cherchant autour d'elle comme quelqu'un qui se noie, puis elle s'affaissa subitement sur l'oreiller.

Sa tête heurta le chevet du lit et vint retomber sur sa poitrine, la bouche béante, les yeux ouverts et éteints.

Elle était morte.

Jean Valjean posa sa main sur la main de Javert qui le tenait, et l'ouvrit comme il eut ouvert la main d'un enfant, puis il dit à Javert :

— Vous avez tué cette femme.

— Finirons-nous! cria Javert furieux, je ne suis pas ici pour entendre des raisons. Économisons tout ça; la garde est en bas, marchons tout de suite, ou les poucettes!

Il y avait dans un coin de la chambre un vieux lit en fer en assez mauvais état qui servait de lit de camp aux sœurs quand elles veillaient. Jean Valjean alla à ce lit, disloqua en un clin d'œil le chevet déjà fort délabré, chose

facile à des muscles comme les siens, saisit à
poigne-main la maîtresse tringle, et considéra
Javert. Javert recula vers la porte.

Jean Valjean, sa barre de fer au poing, marcha lentement vers le lit de Fantine. Quand il
y fut parvenu, il se retourna et dit à Javert
d'une voix qu'on entendait à peine :

— Je ne vous conseille pas de me déranger
en ce moment.

Ce qui est certain, c'est que Javert tremblait.

Il eut l'idée d'aller appeler la garde, mais
Jean Valjean pouvait profiter de cette minute
pour s'évader. Il resta donc, saisit sa canne
par le petit bout, et s'adossa au chambranle de
la porte sans quitter du regard Jean Valjean.

Jean Valjean posa son coude sur la pomme
du chevet du lit et son front sur sa main, et se
mit à contempler Fantine immobile et étendue.
Il demeura ainsi, absorbé, muet, et ne songeant évidemment plus à aucune chose de cette
vie. Il n'y avait plus rien sur son visage et dans

son attitude qu'une inexprimable pitié. Après quelques instants de cette rêverie, il se pencha vers Fantine et lui parla à voix basse.

Que lui dit-il? Que pouvait dire cet homme qui était réprouvé, à cette femme qui était morte? Qu'était-ce que ces paroles? Personne sur la terre ne les a entendues. La morte les entendit-elle? Il y a des illusions touchantes qui sont peut-être des réalités sublimes. Ce qui est hors de doute, c'est que la sœur Simplice, unique témoin de la chose qui se passait, a souvent raconté qu'au moment où Jean Valjean parla à l'oreille de Fantine, elle vit distinctement poindre un ineffable sourire sur ces lèvres pâles et dans ces prunelles vagues, pleines de l'étonnement du tombeau.

Jean Valjean prit dans ses deux mains la tête de Fantine et l'arrangea sur l'oreiller comme une mère eût fait pour son enfant, puis il lui rattacha le cordon de sa chemise et rentra ses cheveux sous son bonnet. Cela fait, il lui ferma les yeux.

La face de Fantine en cet instant semblait étrangement éclairée.

La mort, c'est l'entrée dans la grande lueur.

La main de Fantine pendait hors du lit. Jean Valjean s'agenouilla devant cette main, la souleva doucement et la baisa.

Puis il se redressa, et se tournant vers Javert :

— Maintenant, dit-il, je suis à vous.

V

Tombeau convenable

Javert déposa Jean Valjean à la prison de la ville.

L'arrestation de M. Madeleine produisit à M.— sur M.— une sensation, ou pour mieux dire une commotion extraordinaire. Nous som-

mes triste de ne pouvoir dissimuler que sur ce
seul mot : *c'était un galérien*, tout le monde à
peu près l'abandonna. En moins de deux heures
tout le bien qu'il avait fait fut oublié, et ce ne
fut plus « qu'un galérien. » Il est juste de dire
qu'on ne connaissait pas encore les détails de
l'événement d'Arras. Toute la journée on entendit dans toutes les parties de la ville des conver-
sations comme celle-ci :

— Vous ne savez pas? C'était un forçat libéré!
— Qui ça? — Le maire. — Bah! M. Madeleine?
— Oui. — Vraiment? — Il ne s'appelait pas
Madeleine; il a un affreux nom, Béjean, Bojean,
Boujean. — Ah, mon Dieu! — Il est arrêté. —
Arrêté! — En prison, à la prison de la ville, en
attendant qu'on le transfère. — Qu'on le transfère! On va le transférer! Où va-t-on le transférer? — Il va passer aux assises pour un vol de
grand chemin qu'il a fait autrefois. — Eh bien!
je m'en doutais. Cet homme était trop bon, trop
parfait, trop confit. Il refusait la croix, il donnait des sous à tous les petits drôles qu'il ren-

contrait. J'ai toujours pensé qu'il y avait là-
dessous quelque mauvaise histoire.

« Les salons » surtout abondèrent dans ce
sens.

Une vieille dame, abonnée au *Drapeau blanc,*
fit cette réflexion dont il est presque impossible
de sonder la profondeur :

— Je n'en suis pas fâchée. Cela apprendra
aux buonapartistes !

C'est ainsi que ce fantôme qui s'était appelé
M. Madeleine se dissipa à M.— sur M.—. Trois
ou quatre personnes seulement dans toute la
ville restèrent fidèles à cette mémoire. La vieille
portière qui l'avait servi, fut du nombre.

Le soir de ce même jour, cette digne vieille
était assise dans sa loge, encore tout effarée et
réfléchissant tristement. La fabrique avait été
fermée toute la journée, la porte cochère était
verrouillée, la rue était déserte. Il n'y avait dans
la maison que les deux religieuses, sœur Perpétue et sœur Simplice, qui veillaient près du
corps de Fantine.

Vers l'heure où M. Madeleine avait coutume
de rentrer, la brave portière se leva machinalement, prit la clef de la chambre de M. Madeleine dans un tiroir et le bougeoir dont il se servait tous les soirs pour monter chez lui, puis elle
accrocha la clef au clou où il la prenait d'habitude et plaça le bougeoir à côté, comme si elle
l'attendait. Ensuite elle se rassit sur sa chaise
et se remit à songer. La pauvre bonne vieille
avait fait tout cela sans en avoir conscience.

Ce ne fut qu'au bout de plus de deux heures
qu'elle sortit de sa rêverie et s'écria : Tiens!
mon bon Dieu Jésus! moi qui ai mis sa clef au
clou!

En ce moment la vitre de la loge s'ouvrit, une
main passa par l'ouverture, saisit la clef et le
bougeoir et alluma la bougie à la chandelle qui
brûlait.

La portière leva les yeux et resta béante, avec
un cri dans le gosier qu'elle retint.

Elle connaissait cette main, ce bras, cette
manche de redingote.

C'était M. Madeleine.

Elle fut quelques secondes avant de pouvoir
parler, *saisie*, comme elle le disait elle-même
plus tard en racontant son aventure.

— Mon Dieu, monsieur le maire, s'écria-t-elle
enfin, je vous croyais...

Elle s'arrêta, la fin de sa phrase eût manqué
de respect au commencement. Jean Valjean
était toujours pour elle monsieur le maire.

Il acheva sa pensée.

— En prison, dit-il. J'y étais. J'ai brisé un
barreau d'une fenêtre, je me suis laissé tomber
du haut d'un toit, et me voici. Je monte à ma
chambre, allez me chercher la sœur Simplice.
Elle est sans doute près de cette pauvre femme.

La vieille obéit en toute hâte.

Il ne lui fit aucune recommandation; il était
bien sûr qu'elle le garderait mieux qu'il ne se
garderait lui-même.

On n'a jamais su comment il avait réussi à
pénétrer dans la cour sans faire ouvrir la porte
cochère. Il avait, et portait toujours sur lui, un

passe-partout qui ouvrait une petite porte laté-
rale; mais on avait dû le fouiller et lui prendre
son passe-partout. Ce point n'a pas été éclairci.

Il monta l'escalier qui conduisait à sa chambre. Arrivé en haut, il laissa son bougeoir sur
les dernières marches de l'escalier, ouvrit sa
porte avec peu de bruit, et alla fermer à tâtons
sa fenêtre et son volet, puis il revint prendre
sa bougie et rentra dans sa chambre.

La précaution était utile; on se souvient que
sa fenêtre pouvait être aperçue de la rue.

Il jeta un coup d'œil autour de lui, sur sa
table, sur sa chaise, sur son lit qui n'avait pas
été défait depuis trois jours. Il ne restait aucune
trace du désordre de l'avant-dernière nuit. La
portière avait « fait la chambre. » Seulement elle
avait ramassé dans les cendres et posé proprement sur la table les deux bouts du bâton ferré
et la pièce de quarante sous noircie par le feu.

Il prit une feuille de papier sur laquelle il
écrivit : *Voici les deux bouts de mon bâton ferré
et la pièce de quarante sous volée à Petit-Gervais*

dont j'ai parlé à la cour d'assises, et il posa sur cette feuille la ,pièce d'argent et les deux morceaux de fer, de façon que ce fût la première chose qu'on aperçût en entrant dans la chambre. Il tira d'une armoire une vieille chemise à lui qu'il déchira. Cela fit quelques morceaux de toile dans lesquels il emballa les deux flambeaux d'argent. Du reste il n'avait ni hâte ni agitation. Et, tout en emballant les chandeliers de l'évêque, il mordait dans un morceau de pain noir. Il est probable que c'était le pain de la prison qu'il avait emporté en s'évadant.

Ceci a été constaté par les miettes de pain qui furent trouvées sur le carreau de la chambre, lorsque la justice plus tard fit une perquisition.

On frappa deux petits coups à la porte.

— Entrez, dit-il.

C'était la sœur Simplice.

Elle était pâle, elle avait les yeux rouges, la chandelle qu'elle tenait vacillait dans sa main. Les violences de la destinée ont cela de particulier que, si perfectionnés ou si refroidis que

nous soyons, elles nous tirent du fond des
entrailles la nature humaine et la forcent de reparaître au dehors. Dans les émotions de cette
journée, la religieuse était redevenue femme.
Elle avait pleuré, et elle tremblait.

Jean Valjean venait d'écrire quelques lignes
sur un papier qu'il tendit à la religieuse en
disant : — Ma sœur, vous remettrez ceci à monsieur le curé.

Le papier était déplié. Elle y jeta les yeux.
— Vous pouvez lire, dit-il.

Elle lut : — « Je prie monsieur le curé de
« veiller sur tout ce que je laisse ici. Il voudra
« bien payer là dessus les frais de mon procès
« et l'enterrement de la femme qui est morte
« aujourd'hui. Le reste sera aux pauvres. »

La sœur voulut parler, mais elle put à peine
balbutier quelques sons inarticulés. Elle parvint cependant à dire :

— Est-ce que monsieur le maire ne désire pas
revoir une dernière fois cette pauvre malheureuse ?

— Non, dit-il, on est à ma poursuite, on n'aurait qu'à m'arrêter dans sa chambre, cela la troublerait.

Il achevait à peine qu'un grand bruit se fit dans l'escalier. Ils entendirent un tumulte de pas qui montaient, et la vieille portière qui disait de sa voix la plus haute et la plus perçante :

— Mon bon monsieur, je vous jure le bon Dieu qu'il n'est entré personne ici de toute la journée, de toute la soirée, que même je n'ai pas quitté ma porte!

Un homme répondit :

— Cependant il y a de la lumière dans cette chambre.

Ils reconnurent la voix de Javert.

La chambre était disposée de façon que la porte en s'ouvrant masquait l'angle du mur à droite. Jean Valjean souffla la bougie et se mit dans cet angle.

La sœur Simplice tomba à genoux près de la table.

La porte s'ouvrit.

Javert entra.

On entendait le chuchotement de plusieurs hommes et les protestations de la portière dans le corridor.

La religieuse ne leva pas les yeux. Elle priait.

La chandelle était sur la cheminée et ne donnait que peu de clarté.

Javert aperçut la sœur et s'arrêta interdit.

On se rappelle que le fond même de Javert, son élément, son milieu respirable, c'était la vénération de toute autorité. Il était tout d'une pièce et n'admettait ni objection, ni restriction. Pour lui, bien entendu, l'autorité ecclésiastique était la première de toutes; il était religieux, superficiel et correct sur ce point comme sur tous. A ses yeux, un prêtre était un esprit qui ne se trompe pas, une religieuse était une créature qui ne pèche pas. C'étaient des âmes murées à ce monde avec une seule porte qui ne s'ouvrait jamais que pour laisser sortir la vérité.

En apercevant la sœur, son premier mouvement fut de se retirer.

Cependant il y avait aussi un autre devoir qui le tenait, et qui le poussait impérieusement en sens inverse. Son second mouvement fut de rester, et de hasarder au moins une question.

C'était cette sœur Simplice qui n'avait menti de sa vie. Javert le savait, et la vénérait particulièrement à cause de cela.

— Ma sœur, dit-il, êtes-vous seule dans cette chambre?

Il y eut un moment affreux pendant lequel la pauvre portière se sentit défaillir.

La sœur leva les yeux et répondit :

— Oui.

— Ainsi, reprit Javert, excusez-moi si j'insiste, c'est mon devoir, vous n'avez pas vu ce soir une personne, un homme, il s'est évadé, nous le cherchons, — ce nommé Jean Valjean, vous ne l'avez pas vu?

La sœur répondit : — Non.

Elle mentit. Elle mentit deux fois de suite, coup sur coup, sans hésiter, rapidement, comme on se dévoue.

— Pardon, dit Javert, et il se retira en saluant profondément.

O sainte fille, vous n'êtes plus de ce monde depuis beaucoup d'années; vous avez rejoint dans la lumière vos sœurs les vierges et vos frères les anges; que ce mensonge vous soit compté dans le paradis!

L'affirmation de la sœur fut pour Javert quelque chose de si décisif qu'il ne remarqua même pas la singularité de cette bougie qu'on venait de souffler et qui fumait sur la table.

Une heure après, un homme, marchant à travers les arbres et les brumes, s'éloignait rapidement de M. — sur M. — dans la direction de Paris. Cet homme était Jean Valjean. Il a été établi, par le témoignage de deux ou trois rouliers qui l'avaient rencontré, qu'il portait un paquet et qu'il était vêtu d'une blouse. Où avait-il pris cette blouse? On ne l'a jamais su. Cependant, un vieux ouvrier était mort quelques jours auparavant à l'infirmerie de la fabrique, ne laissant que sa blouse. C'était peut-être celle-là.

Un dernier mot sur Fantine.

Nous avons tous une mère, la terre. On rendit Fantine à cette mère.

Le curé crut bien faire, et fit bien peut-être, en réservant, sur ce que Jean Valjean avait laissé, le plus d'argent possible aux pauvres. Après tout, de quoi s'agissait-il? d'un forçat et d'une fille publique. C'est pourquoi il simplifia l'enterrement de Fantine, et le réduisit à ce strict nécessaire qu'on appelle la fosse commune.

Fantine fut donc enterrée dans le coin gratis du cimetière qui est à tous et à personne, et où l'on perd les pauvres. Heureusement Dieu sait où retrouver l'âme. On coucha Fantine dans les ténèbres parmi les premiers os venus; elle subit la promiscuité des cendres. Elle fut jetée à la fosse publique. Sa tombe ressembla à son lit.

FIN DU TOME DEUXIÈME ET DE LA PREMIÈRE
PARTIE.

TABLE

TABLE

DE LA PREMIÈRE PARTIE

FANTINE

TOME PREMIER

LIVRE DEUXIÈME

LA CHUTE

LIVRE TROISIÈME

EN L'ANNÉE 1817

TOME DEUXIÈME

LIVRE QUATRIÈME

CONFIER, C'EST QUELQUEFOIS LIVRER

LIVRE CINQUIÈME

LA DESCENTE

LIVRE SIXIÈME

JAVERT

LIVRE SEPTIÈME

L'AFFAIRE CHAMPMATHIEU

LIVRE HUITIÈME

CONTRE-COUP

Lightning Source UK Ltd.
Milton Keynes UK
UKHW020025070223
416579UK00002B/498